城乡经济协调发展
评价及模式选择

童长江 著

科学出版社
北京

内 容 简 介

　　推动城乡发展一体化是中国解决"三农"问题的重大战略，而促进城乡经济协调发展是该战略的核心和关键。本书重点对城乡经济协调发展评价及模式选择问题进行了分析研究，构建了一套城乡经济协调发展评价指标体系，总结了国内外十五种城乡经济协调发展模式，揭示了城镇化、工业化、农业现代化、高新化、生态化协调发展是城乡经济协调发展的必然趋势，并由此提出了促进城乡经济协调发展的若干建议。

　　本书可供高等院校农业经济管理专业师生及关注我国"三农"问题、城乡经济关系问题的研究者及管理者阅读、参考。

图书在版编目(CIP)数据

城乡经济协调发展评价及模式选择／童长江著 .—北京：科学出版社，2013
　ISBN　978-7-03-037011-2

Ⅰ.①城⋯　Ⅱ.①童⋯　Ⅲ.①城乡建设–经济发展–研究–中国　Ⅳ.①F299.2

中国版本图书馆 CIP 数据核字（2013）第 045768 号

责任编辑：林　剑／责任校对：桂伟利
责任印制：徐晓晨／封面设计：耕者工作室

*科学出版社*出版
北京东黄城根北街 16 号
邮政编码：100717
http://www.sciencep.com

北京科印技术咨询服务公司印刷
科学出版社发行　各地新华书店经销

＊

2013 年 2 月第　一　版　开本：B5（720×1000）
2017 年 2 月第三次印刷　印张：11 1/2　插页：2
字数：252 000

定价：98.00 元
（如有印装质量问题，我社负责调换）

序

童长江博士所著《城乡经济协调发展评价及模式选择》一书是他关于城乡经济关系问题研究的成果之一，也是探讨城乡经济协调发展的一部力作。

中共中央十八大报告指出，"城乡发展一体化"是解决农业农村农民问题的根本途径。城乡发展一体化首先是要处理好城乡经济关系。城乡经济关系主要反映的是城乡、工农之间的分工、协作关系，这种关系是非线性式演化发展的，而城乡经济协调发展是这种变化的理想状态。我国目前城乡经济发展中存在的共性问题，包括城乡经济规模不大、结构不优、关联度不高、创新力不强、发展后劲不足等，其主要根源是城市经济与乡村经济发展不协调、不均衡。探讨城乡经济协调发展规律，提出促进城乡经济协调发展的对策，形成以城带乡、以工促农、城乡一体、工农互惠的新型城乡、工农关系，逐步缩小城乡差距，促进城乡共同繁荣，是摆在学术界面前的紧迫任务。童长江的《城乡经济协调发展评价及模式选择》总结和构建的城乡经济协调发展评价指标体系和发展模式，对促进全国区域城乡经济协调发展具有重要的理论和实践意义，是一次有益的尝试。

《城乡经济协调发展评价及模式选择》具有以下几个特点：

首先，该书是对城乡经济协调发展评价的较为系统的研究。在国内，目前城乡经济协调发展定量研究基本上处于尝试性阶段，这些定量研究都在一定程度上测度了城乡经济协调发展水平，有助于从量化角度评价城乡经济之间关联程度，可为城乡经济协调发展提供可资借鉴的数理依据。但是有些研究在指标定义、分析框架、分析范式、测量方法、表现形式及评判标准等方面，还存在一些明显不足，这为该书研究留下了空间。该书认为，城乡经济协调系统作为复杂的巨系统，以系统论的视角从规模、结构、功能三方面对其剖析、把握具有科学性、可行性、简洁性。城乡经济协调发展评价指标体系可考虑包括规模性指标、结构性指标、功能性指标三个方面的内容。这些指标共同反映了城乡经济系统协调发展的规模、结构、功能水平，揭示了城乡经济协调发展的一系列因果关系。该书构建了一套城乡经济协调发展评价指标体系，并以鄂州市为例进行实证分析，可以为同类研究提供重要的理论参考。

其次，该书是对城乡经济协调发展模式的较为科学的研究。目前对于城乡经济发展模式的研究集中在从政策、动力、空间等视角研究，在综合性、系统性方面不够深入，现有文献中的研究成果还很难达成共识。这也说明城乡经济协调发展模式问题是一个复杂的系统工程，涉及方方面面，需要上升到更高层次来研究与把握。该书认为，城乡经济协调发展模式是一个区域在一定时期城乡经济系统协调发展战略、政策、制度的总和。在一定程度上，城乡经济协调发展模式决定着城乡经济协调发展水平。依据同质事物的差异性分类标准，结合国内外城乡经济协调发展实践经验，城乡经济协调发展模式可以划分为三种相对独立的分类方法。一是依据组织作用的强弱度划分，城乡经济协调发展模式大体上可分为三种动力模式：自组织模式、他组织模式和二元组织模式。二是依据资源在城乡之间配置的偏向度划分，城乡经济协调发展模式大体上可以分为三种政策模式：城市偏向型模式、农村偏向型模式和城乡均衡型模式。三是依据组织作用的强弱度和资源在城乡之间配置的偏向度划分，城乡经济协调发展模式大体上可以分为九种复合模式：自组织城市偏向型、城乡均衡型、农村偏向型模式，他组织城市偏向型、城乡均衡型、农村偏向型模式和二元组织城市偏向型、城乡均衡型、农村偏向型模式。该书试图将把一定区域的城乡经济作为系统，从系统论视角研究城乡经济协调发展模式及选择原则，并以鄂州市为例进行实证分析，可以为同类城市推进城乡经济协调发展提供重要的实践参考。

最后，该书是对促进城乡经济协调发展对策的较为新颖的研究。目前，国内外关于促进城乡经济协调发展的对策措施非常丰富，这为我们探讨城乡经济协调发展对策有一定的借鉴作用。然而，城乡经济协调发展问题是复杂问题，不同的区域有不同的实际情况，不可能存在通用的统一的对策措施。这就要求我们在实际工作中具体情况具体分析，力求提出既符合城乡经济协调发展规律又符合当地城乡经济发展实际的对策措施，以有效地促进城乡经济协调发展。该书揭示了城镇化、工业化、农业现代化、高新化、生态化协调发展是城乡经济协调发展的必然趋势，并由此提出了促进城乡经济协调发展的若干对策建议。

当然，该书并非尽善尽美，书中提出的一些新观点、新方法，有待作者进一步探讨和深化，引用的数据还可以进一步翔实。但瑕不掩瑜，总体看来，这是一部有理论深度和实践探索的著作，相信能够为我国相关问题的研究提供一定的启示。

我很高兴童长江博士能够投入到我国"三农"问题和城乡经济发展问题的研究中来。他具有较为扎实的理论基础和丰富的实践经验，而且愿意付出辛勤的劳动，相信他在以后的工作中能够取得更多的成果。

国务院学位委员会农林经济管理学科评议组成员

华中农业大学教授　李崇光

2013 年 1 月 15 日

前　言

城乡经济协调发展是城乡一体化的基础，只有实现城乡经济协调发展，才能实现城乡一体化的可持续发展。如何破解城乡经济协调发展难题，有效促进城乡经济协调发展，为城乡一体化打下坚实基础，不仅是一个亟待解决的理论问题，也是一个亟待解决的实践问题。因此，对城乡经济协调发展问题进行研究具有重要的理论和实践意义。

本书以城乡经济协调发展为主线，以发展经济学、农业经济学、计量经济学和系统科学等学科相关原理为指导，采取定性分析与定量分析相结合等方法，以湖北省城乡一体化试点城市——鄂州市为例，重点对城乡经济协调发展评价及模式选择问题进行了分析研究。

本书在对城乡经济协调发展相关概念释义的基础上，介绍了城乡经济协调发展的几种典型理论，阐述了城乡经济协调发展的内涵、特征、重要性及基本原则；分析了鄂州市城乡经济协调发展的有利环境、城乡经济发展不协调的主要表现及成因；构建了一套城乡经济协调发展评价指标体系；采用主成分分析法与层次分析法相结合的综合评价方法对鄂州市城乡经济协调发展进行了实证分析。结果显示，2000～2008年鄂州市城乡经济协调发展总体上处于初步协调、加速协调阶段，影响城乡经济协调发展的主要因素是人均GDP、城乡收入比、城镇化率等指标，评价结果符合鄂州实际。今后一个时期，鄂州市要在继续保持经济规模快速发展的同时，协调推进城镇化、工业化、农业现代化、高新化、生态化，大力推进城乡公共品和服务均等化，切实提高城乡居民生活质量和水平。本书探讨了城乡经济协调发展模式类型、特征、选择原则；对鄂州市城乡经济协调发展的总体模式和分区模式进行了具体分析。并且本书明确提出：从全域视角看，鄂州市可以选择二元组织农村偏向型模式；从区域视角看，鄂州市"一带"区域、

"一轴"区域可分别选择二元组织城乡均衡型模式、二元组织农村偏向型模式；从主体功能区视角看，鄂州市优化开发区、重点开发区、生态保护区可分别选择二元组织城市偏向型模式、二元组织城乡均衡型模式、二元组织农村偏向型模式；提出了促进鄂州市城乡经济协调发展的对策建议。

　　从所取得的研究成果看，本书有以下创新：一是构建了一套城乡经济协调发展评价指标体系。其主要贡献在于从规模性指标、结构性指标和功能性指标三个方面对城乡经济协调发展进行定量分析。二是采用主成分分析法与层次分析法相结合的综合评价方法对鄂州市城乡经济协调发展进行实证分析。三是提出和总结了国内外十五种城乡经济协调发展模式。其主要贡献在于分别从动力模式、政策模式、复合模式视角对城乡经济协调发展模式进行分类，增强了城乡经济协调发展模式选择的客观性、科学性、可操作性。

目　　录

1 导　　言

城乡经济关系是城乡关系中最基本的关系之一，城乡经济协调发展不仅关系到城乡经济发展水平的提高，还直接关系到城乡一体化的实现。一些发达国家或地区的经验表明，城乡经济协调发展对促进城乡经济发展和城乡一体化发展具有强大的推动作用；而综观一些发展中国家或地区城乡经济发展轨迹，其不协调性十分明显，不可避免地影响着城乡经济发展和城乡一体化的推进。因此，对城乡经济协调发展问题进行研究，探讨如何有效协调城乡经济关系，成为一些发展中国家或地区当前及今后一个时期推进城乡一体化过程中无法绕开、必须面对的一项重要的研究课题。

1.1　研究的目的和意义

1.1.1　研究目的

一些发达的工业化①国家或地区的经验表明，在工业化初期阶段，农业要支

---

① 苏联科学院经济研究所编著的《政治经济学教科书》定义的工业化，主要指工业总产值在整个工农业总产值中占70%以上和建立一套比较完整的工业体系。根据这一定义，只要加速发展工业就可以比较快地实现所谓工业化。张培刚把工业化定义为一系列基要生产函数连续发生变化的过程，这种变化可能最先发生于某个生产单位的生产函数，然后再以一种支配的形态形成一种社会的生产函数而普及于整个社会，它不仅包括工业本身的机械化和现代化，而且也包括农业的机械化和现代化。厉以宁把经济发展分成前工业化时期、工业化前期、工业化后期、后工业化时期四个阶段，现在中国正处于工业化中期，也就是工业正在从第二阶段开始向第三阶段过渡时期。林毅夫认为，目前金融的黄金时代已经终结，接下来最有可能是工业化的新黄金时代。从历史上看，除几个石油出口经济体外，所有国家都是通过工业化才变富裕的。因此，现在应该把注意力全部集中到经济的实体行业上。目前，美国等发达国家为了抢占新一轮科技和产业竞争的制高点，确保其世界经济"发动机"的领先地位，提出"再工业化"的战略主张，宣称未来20年，将通过快速发展人工智能、机器人和数字制造技术，重构制造业的竞争格局。

持工业、为工业提供积累；在工业化进入到中期发展阶段后，工业发展具备了自我发展的能力，工业要支持农业、城市要支持农村，以实现城乡协调发展。在对我国国情进行科学研判的基础上，党的十七大报告明确提出了"建立以工促农、以城带乡长效机制，形成城乡经济社会发展一体化新格局"的新目标，党的十七届三中全会又将"加快形成城乡经济社会发展一体化新格局"作为新时期推进我国改革发展的根本要求。党的十八大报告进一步指出，城乡发展一体化是解决"三农"问题的根本途径，要加大统筹城乡发展力度，加大强农惠农富农政策力度，加快完善城乡发展一体化体制机制，形成以工促农、以城带乡、工农互惠、城乡一体的新型工农、城乡关系，大力推动城乡发展一体化（胡锦涛，2012）。目前，虽然我国整体上已经进入到工业化中期发展阶段，但城乡一体化水平还很低、发展还很不平衡，突出表现在乡村经济落后、城乡经济发展差距较大等方面。改革开放以来，我国乡村先后通过推行联产承包责任制、大力兴办乡镇企业、突破性发展个体私营经济，乡村经济得到较快发展，农民收入得到快速增长。但自1996年以后，由于城镇经济集聚效应增强，导致乡村稀缺生产要素向城镇单向流动加快，对多数从事纯农业的农民来说，农业生产陷入困境，收入增长处于停滞状态，有的甚至出现返贫现象，城乡居民收入呈日益扩大趋势。例如，我国城乡居民收入比1994年为2.96，2001年为3.00，2003年为3.20，2007年为3.33。因此，现阶段我国实施城乡一体化战略是一项十分艰巨的任务。目前我国城乡一体化的重点和难点在农村，只有加大城镇带动农村、工业反哺农业的力度，促进城乡经济协调发展，才能确保城乡一体化战略落到实处。

城乡经济协调发展是城乡一体化的基础，只有实现城乡经济协调发展，才能实现城乡一体化的可持续发展。目前，如何破解城乡经济协调发展难题，有效促进城乡经济协调发展，为城乡一体化打下坚实基础，不仅是一个亟待解决的理论问题，也是一个亟待解决的实践问题。基于此，本书希望通过以湖北省城乡一体化试点城市——鄂州市为例，重点对城乡经济协调发展评价与模式选择问题进行研究，剖析城乡经济发展中的几个共性问题，着力解决城乡经济规模不大、结构不优、关联度不高、创新力不强、发展后劲不足等问题，推进城乡生产要素有效流动、城乡经济结构有序优化，在城乡之间形成优势互补、互动共赢、协调发展的经济共生关系，从而促进城乡一体化可持续发展。

1.1.2　研究意义

本书总结和构建的城乡经济协调发展评价指标体系和发展模式，对促进全国区域城乡经济协调发展具有重要的理论和实践意义。

1）构建城乡经济协调发展评价指标体系，并以鄂州市为例进行实证分析，可以为同类研究提供重要的理论参考。

2）探讨城乡经济协调发展的模式及选择原则，并以鄂州市为例进行实证分析，可以为同类城市推进城乡经济协调发展提供重要的实践参考。

3）系统研究鄂州市城乡经济协调发展评价及模式选择问题，对深化区域城乡经济发展战略认识、更好地推进城乡发展一体化具有重要的参考价值。

1.2　国内外相关研究现状

城市与乡村是区域城乡系统不可分割的两大子系统，而城乡经济关系是城乡关系的集中反映。因此，随着城乡的分野与融合，城乡经济协调发展研究应运而生。目前，国内外学者对城乡经济协调发展问题从不同视角进行了大量研究，取得了丰硕成果。由于本书主要关注的是城乡经济协调发展评价及模式选择问题，因此在这里不拟将一般的城乡经济协调发展研究文献进行全面介绍，而只将与本书主题密切相关的文献进行综述。

1.2.1　关于城乡经济关系的研究

长期以来，在西方经济学界，城市经济与乡村经济分属不同经济学分支学科的研究对象或研究重点（周叔莲和金碚，1993），城乡经济关系研究相对比较零散和薄弱，至今尚未形成一门系统研究城乡经济关系的"城乡经济学"（赵保佑等，2009）。

在现有的城乡经济关系研究中，西方学者的研究主要针对两种对象即发达国家和发展中国家的城乡经济发展进程而展开。依据研究对象及主要观点的差异，这些研究大体上可分为两个阶段：20 世纪前半期及之前为第一阶段；20 世纪 50 年代中期以后为第二阶段。

第一阶段（20 世纪前半期及之前）：西方学者对城乡经济关系问题的研究主要针对发达国家的城乡经济分离现实展开，初步形成了早期的城乡经济均衡型协调发展理论。主要包括：①圣西门、傅立叶和欧文三位思想家 19 世纪初提出的城市与乡村发展构想，最早明确提出了消除城乡对立、实现城乡经济一体化的思想；②霍华德（1898）提出的田园城市理论，倡导用城乡一体的新社会结构形态取代城乡分离的旧社会结构形态；③马克思和恩格斯提出的城乡融合发展理论，指出从城乡对立到城乡融合是社会发展的必然趋势，城乡融合就是"要使城市和乡村逐步演变为既有城市的一些特征，又有乡村的一些特征的新社会实体"。

第二阶段（20 世纪 50 年代中期以后）：西方学者开始把发展中国家作为研究对象，从不同视角进行研究，初步形成了城乡经济非均衡型协调发展理论。较有代表性的理论有 Lewis（1954）提出的具有开拓性意义的二元经济理论，Perroux（1955）提出的经济增长极理论，Myrdal（1957）提出的地理二元经济结构理论，Friedman（1966）提出的核心 – 外围理论，Lipton（1977）提出的反"城市偏向"理论。特别是 Lewis 的二元经济理论后经 Fei 和 Ranis（1961）、Jogenson（1967）、Harris 和 Todaro（1970）等的修正、补充和丰富发展，成为完整的二元经济结构理论，为人们正确处理城乡工农关系提供了理论基础。

此外，20 世纪 80 年代以来，不少学者从城乡结构关系、农村剩余劳动力转移视角对城乡经济协调发展问题进行了研究，取得了可资借鉴的成果。在城乡结构关系研究方面，Stohr 和 Taylor（1981）强调城乡发展要坚持自下而上原则，即一般以农村为中心，以满足当地居民的基本需要为第一目标。而 Rondinelli（1983）则持相反观点，提出了"次级城市发展战略"，认为发展中国家必须构建完整、分散的次级城市体系，加强城乡经济社会联系，以促进社会与区域发展。McGee（1991）认为，随着工业化、城市化进程的加快及城乡交通基础设施的改善，在一些发展中国家城市边缘出现了规模庞大的城乡结合部，即"灰色区域"（desakota），使城市之间呈现一体化发展趋势。Douglass（1999）对以城市极化效应为基础的乡村向城市转换的方式及以内生经济发展模式为基础的城乡一体化转换方式进行了比较研究。Masson（2001）发现，财富不均与移民之间有着复杂的相互影响，能够自我选择的人往往是那些富有的人及有能力移居到城里的人，而其他的人则往往选择留在农村。Satterthwaite 和 Cecilia（2003）提出了"城乡连续"（rural-urban continuum）的概念，强调在城乡发展过程中要发挥中小城镇的作用。Lynch（2005）提出了"城乡动力学（rrual-urban dynamics）"的概念，发现城乡相互作用在不同国家或地区之间的表现是不同的，认为可通过实施"资源分配"、"生计战略"揭示城乡联系的复杂性。在农村剩余劳动力转移研究方面，Khandker 和 Rashid（1995）认为，单纯对农业补贴或对农业与制造业进行相同数量补贴都不会使农民实现充分就业。只有在对农业补贴的同时，对制造业征收相同数量的税收才可能达到充分就业并使制造业规模扩大，从而吸纳、转移更多农村剩余劳动力。Bose（1996）认为，高效率工资可以促进城乡劳动力转移。Du 等（2005）发现，在家庭禀赋与农村剩余劳动力转移之间可能存在倒 U 形的关系。Briones（2006）分析了农村就业与就业代际，认为农村就业战略的重点应是在关注农村经济的同时使部门内干涉更有灵活性。Whalley 和 Zhang（2007）认为，户籍制度是中国城乡不均衡的重要原因，城市住房价格上涨对农村人口流向城市具有明显的阻碍作用。

总之，目前国内外关于城乡经济关系的研究涉及多学科领域，成果较多。例如，田园城市理论主要是站在城市经济学的角度审视城乡经济之间的协调关系，而二元经济结构理论主要是站在发展经济学的角度研究如何使分割的城乡经济系统演变成为协调的城乡经济系统。这些研究成果对我们研究发展中国家或地区的城乡经济关系具有重要的借鉴意义。

1.2.2　关于城乡经济协调发展评价指标体系的研究

在国外，城乡发展评价问题与发展观有密切关系。传统发展观把发展只局限于经济发展，而经济发展又等同于经济增长。佩鲁（1983）认为，发展应是整体的、内生的及综合的，应是以人为本的全面发展，而不只是经济增长。为了对人类发展进行全面综合度量，1990 年联合国开发计划署在《人类发展报告》中提出了人类发展指数（human development index，HDI），HDI 涉及经济增长、社会进步及环境和谐三个方面，由预期寿命指数、教育成绩指数及实际人均 GDP 指数 3 项指标复合而成。此后，1995～1997 年又增加了性别发展指数、性别赋权尺度及人类食用指数等。HDI 对我们构建城乡经济协调发展评价指标体系有一定的借鉴作用。

在国内，目前城乡经济协调发展定量研究基本上处于尝试性阶段。依据研究内容划分，城乡经济协调定量研究大体分为独立性测度与非独立性测度。

1.2.2.1 独立性测度：对城乡经济协调发展进行独立测度

王春兰和薛向岭（2006）以城乡经济要素的流动配置为观测点，构建了一套包括 10 项指标的指标体系，并对我国各省份城乡经济均衡发展水平进行评价及分析。主要指标是城乡居民收入比、城乡居民消费支出比、城乡储蓄存款余额比、财政收入城乡比、财政支出城乡比、工农专业技术人员比、农业与非农业人口比、城乡小学数目比、城乡中学数目比、工农研究与试验经费比。赵彩云和夏英（2008）从影响城乡收入差距的因素出发，构建了一套包括消费支出比、农业贷款比、财政支农比、劳动流动性、剪刀差、存贷比、国有工业化 7 项指标的指标体系对我国城乡经济协调发展进行了分析。肖士恩和李献士（2009）采用了人均 GDP、地方财政收入、第三产业比重、公路货运量、公路客运量、电话用户、城乡居民消费支出比、城乡居民收入比 8 项指标对河北省城乡经济发展的协调发展进行了测度及分析。这些体系简单易行，在一定程度上可以反映城乡经济协调发展现状。

刘子玉（2007）、徐同文（2008）、戴存华（2009）和李慈军（2009）四位专家分别从区域视角构建了包括城乡经济协调状态、协调动力、协调保障三个方面的指标体系，其指标项数分别为 16 项、21 项、20 项和 21 项，以此来反映城乡经济协调发展状况，并分别以山东、广西为例进行了实证研究，具有一定的开创性。

张明花（2008）从农村经济、城市经济、农业生产、城镇体系、农民生活水平、城镇居民生活水平六个方面，共设计 15 项具体指标，建立了城乡经济协调发展评价指标体系，同时对福建省城乡经济协调发展进行评价及分析，具有一定的合理性。

赵保佑等（2009）构建了统筹城乡经济协调发展评价指标体系，包括自然禀赋条件、区位与基础设施、城镇化与城镇体系、区位与基础设施、市场发育与经济外向性、经济发展水平与结构、城乡经济差别水平、乡村经济发展水平八个方面共 22 个具体指标，同时对我国城乡经济协调发展进行了静态及动态分析，具有一定的科学价值。

1.2.2.2　非独立性测度：把城乡经济协调作为城乡协调的重要组成部分进行测度

这类测度根据研究对象范围不同，可以分为三类：第一类是以县市区为研究对象。例如，邓玲和王彬彬（2008）根据成都市统筹城乡发展的经验及成都市温江区的实际情况，构建了一套城乡统筹指标体系。该指标体系包括统筹城乡社会事业、统筹城乡经济发展、统筹城乡人口资源环境、统筹城乡生活品质、推进"三个集中"五个方面共 36 项具体评价指标。其中，关于统筹城乡经济发展的指标包括地区生产总值、非农产业比重、人均地区生产总值、科技进步对 GDP 的贡献率、农业劳动生产率/全社会劳动生产率、地方财政对"三农"投入/耕地数及农业从业人员占比 7 项指标。

第二类是以地级市为研究对象。例如，高珊等（2006）设计了一套包括社会、经济及生活状况三个方面共 14 项具体指标的评价指标体系，并对 2004 年江苏省 13 个地级市的城乡统筹发展情况进行了评价分析。其中，关于经济融合度的指标有 5 项：城乡人均 GDP 比、城乡人均第三产业增加值比、城乡人均工业产值比、城乡人均财政支出比、城乡人均财政收入比。吴永生等（2007）构建了一套包括社会统筹、经济统筹、空间统筹三个方面内容的城乡统筹评价指标体系，分析了自 1990 年以来江苏省 13 个地级市城乡统筹的空间演变动态。其中，关于经济统筹的指标包括人均国内生产总值、人均储蓄余额、非农业产值比重、人均第三产业产值、人均第二产业产值 5 项具体指标。

第三类是以省为研究对象。例如，漆莉莉（2007）以中部 6 省为研究区域，构建了一套包括社会发展、经济发展、人民生活质量三个方面共 16 项具体指标的城乡融合综合评价指标体系。其中，关于经济发展方面的指标有人均 GDP、城乡居民收入之比、第三产业产值占 GDP 的比重、城乡劳动生产率之比、城乡居民年末储蓄存款余额。杨振宁（2008）和王婷（2008）分别从经济、空间、居民生活三个方面和社会结构、经济结构、人民生活质量、人口结构四个方面选取指标建立了城乡发展评价指标体系，并分别对安徽省、浙江省的城乡统筹发展情况进行了评价分析。

总之，上述定量研究都在一定程度上测度了城乡经济协调发展水平，有助于从量化角度评价城乡经济之间关联程度，可为城乡经济协调发展提供可资借鉴的数理依据。但是有些研究在指标定义、分析框架、分析范式、测量方法、表现形式及评判标准等方面，还存在一些明显不足，这为本书研究留下了空间。

1.2.3　关于城乡经济协调发展模式的研究

关于"模式"，不同的学者有不同的定义。费孝通（2007）认为，模式是指"在一定地区，一定历史条件下，具有特色的经济发展的路子"，也就是对特定时空经济发展特点的概括。顾松年（2009）认为，经济模式是对已有实践经验的概括，是对经济运行机制的原则规定及理论假设，具有实在的内容和动态特征。一些发展中国家实行的城市偏向型发展模式是特定历史阶段的理性选择，若历史条件发生变化，这种模式必须相应调整，以免固化城乡经济差距，进而阻碍城乡经济协调发展（孙海波和刘俊昌，2009）。从理论上说，模式不是固定不变的，在不同发展阶段应有所创新。

国外关于城乡经济协调发展模式的研究基本上与理论研究一致，因而大体上形成了城乡经济协调发展的均衡型与非均衡型模式，前者以刘易斯模型为基础，后者与霍华德理论相关。两种模式可以较好地解释历史与现实中城乡经济协调发展模式定位问题，但是过于宏观，缺乏可操作性。

目前，国内关于城乡经济协调发展模式的研究较多注重从某一角度进行研究，根据研究视角的不同，这些研究大体上可以分为五种类型。

第一类是从城镇化的角度研究。例如，辜胜阻（1996）认为，20 世纪 50 年代以来，中国出现了两种截然不同的城乡经济发展模式，既适用于城市的自上而下的政府计划模式和适用于农村的自下而上的民间市场模式，两种模式对推动中国城乡经济协调发展起了一定的推动作用。曾菊新等（2003）认为，对我国西部地区来说，城镇网络化发展模式较为适宜。任保平和梁炜（2008）认为，城乡经济协调发展主要有两大模式：一是建工补农模式，以人口城镇化、乡村工业化和城镇城市化为主要内容，一般适用于东部发达地区；二是财政反哺模式，以政府主导和财政支持的工业化、城镇化为主要内容，一般适用于中西部欠发达地区。赵保佑等（2009）认为，城乡经济协调发展模式选择问题可以归结为城市化路径选择问题。从这个意义上来说，城乡经济协调发展模式可以分为两种类型：一是中心城市扩展、带动、辐射型发展模式，即充分发挥中心城市经济辐射带动力强的作用，合理规划特大城市、大城市的扩张规模，科学布局特大城市周边的卫星城和小城镇，以城市化扩张带动区域城乡经济的协调发展。该模式可以看做是城市化初级阶段，一般适合于经济欠发达地区。二是城乡互动、双向城市化模式，即发挥城市对农村经济的带动作用，通过城市工业带动农村经济发展和农村劳动力转移，同时围绕城市市场，充分发挥农村地域性的产业聚集效应及农业产业化龙头企业的带动作用，促进农村经济快速发展，从而达到城乡互促共赢的效果。该模式一般适合于城市化发展有一定基础的地区。

第二类是从城乡一体化的角度研究。例如，姚士谋等（2004）在对长江三角洲地区与莱茵河下游地区的城乡一体化模式进行比较的基础上，提出长江三角洲地区宜构建区域可持续发展的城乡一体化模式。白永秀和岳利萍（2005）对陕西城乡一体化水平进行了聚类分析，并提出针对城乡连动型、协作辐射型及极核带动型等不同类型采取不同的城乡协调发展模式。认为城乡经济协调发展战略模式有三种：一是变比较优势为竞争优势，在区域内实现产业一体化；二是变分散布局为集中优势；三是变分割优势为整体优势。卢阳春（2009）认为，对我国来说，城乡产业协调发展国际经验模式对我国有一定的参考价值，如韩国"城乡准一体化"的新型农村发展模式、日本以工业园区促进城乡产业互动发展的模式及亚洲大城市城乡融合发展模式等。梅林（2009）认为，城乡经济协调发展是一个国家或地区经济发展的必然要求。因各地实际情况不同，不同国家或地区在城乡经济协调发展进程中分别形成了六种模式，即以城带乡模式、城乡融合模式、以乡促城模式、城乡经济一体化模式、城乡网络化模式及城乡网络非均衡模式。

第三类是从区域特色化的角度研究。例如，郭克莎（1994）通过典型案例研究，对中国发达地区、中等发达地区及不发达地区的城乡经济关系进行了比较研究，并针对不同地区发展的进程及特点，提出了关于地区城乡经济协调发展模式的政策建议。田明和何流（2000）根据我国城乡区域不同特点，认为应采取农村地域的集聚型模式、大城市周围的扩展型模式、外资引起的外向型模式及西部模式，以促进城乡经济协调发展。夏春萍（2005）根据县域经济特点将湖北省统筹城乡经济发展的模式划分为五类县域城乡经济协调发展模式，即城郊型，如新洲、襄阳、江陵；工业优势突出型，如潜江、汉川、应城；粮棉主产区型，如监利、天门、浠水；平原湖区型，如洪湖、石首；贫困山区型，如宣恩、英山、竹山。

第四类是从市场化的角度研究。例如，顾朝林和赵晓斌（1995）提出了一个以市场为中介的城乡联系发展模式。该模式旨在实现城乡产业空间配置最优化并确保区域各产业协调发展，因而强调利用市场机制配置城乡资源并通过要素价格机制引导要素自由流动。

第五类是从空间结构的角度研究。例如，闫永林（2006）提出了包括点轴式、极核式、网络式空间结构模式的三种基本空间结构模式。

总之，上述城乡经济协调发展模式多从政策、动力、空间等视角研究，在综合性、系统性方面不够深入，现有文献中的研究成果还很难达成共识。这也说明城乡经济协调发展模式问题是一个复杂的系统工程，涉及方方面面，需要上升到更高层次来研究与把握。本书试图将把一定区域的城乡经济作为系统，从系统论视角研究城乡经济协调发展模式。

1.2.4　关于城乡经济协调发展对策的研究

从国外实践经验看，一些国家或地区从实际出发，采取有效措施来促进城乡经济协调发展，取得了明显的成效。1970 年，韩国发起了"新村运动"，政府加大对农村农业投入，投入巨资修建桥梁、河堤、村级公路、公共浴池等公共设施，大力改善农民生产生活条件，促进了城乡经济协调发展，加快了整个国家的现代化进程。1973 年起，挪威实行对农村农业发展的倾斜政策，加大对农村基础设施和农业的投资，对农业的投资达到对其他产业投资的 2～3 倍，1977 年达到 4 倍。这些措施直接有力地促进了挪威的城乡经济协调发展。美国、德国及欧盟国家城市化过程时间较长，城乡经济发展的矛盾不突出，这主要得益于它们实行了一系列支持农村农业发展的政策，加大对农业投入，大力推进乡村基础设施建设，对农产品实行价格补贴等财税政策，这些措施有力支持了乡村经济发展（李广舜，2006）。

从国内研究成果看，关于如何有效推进城乡经济协调发展主要形成了以下一些观点。韩俊（2003）、厉以宁（2008）认为，实现城乡经济协调发展的关键是破除城乡二元经济结构，推进城乡二元体制改革，协调城乡社会关系，实行城乡一体户籍制度，实现城乡要素自由流动。陈家宝（2002）认为，政府在城乡经济协调发展中在科学规划、制度供给、培植载体、加大投入、组织管理等方面大有作为。也有学者认为，从长远看，只有制度创新才是我国破除城乡二元经济结构的现实途径，建议从土地制度、住房制度、户籍制度、就业制度、教育制度、医疗制度、社保制度、行政制度等方面深化改革，以达到城乡经济协调发展的目的（姜作培，2003）。更多学者认为，促进城乡经济协调发展需要多策并举才能奏效。例如，李佐军（2003）认为，城乡经济协调发展的关键是通过工业化、城镇化转移农村剩余劳动力，这就需要通过大力发展中小企业创造就业条件及通过改革土地、就业、户籍、社会保障制度创造制度条件才能实现。夏春萍（2005）认为，促进城乡经济协调发展主要在于统筹抓好城乡规划建设、城乡产业发展、加强农村合作经济组织建设和制度创新四个方面的工作。陈锡文（2007）认为，只有协调推进城镇化与新农村建设，既把农民转移到城镇非农产业，又要让留在农村的人过上与城里人一样的生活，这样才能实现城乡经济协调发展。徐同文（2008）认为，促进城乡经济协调发展就是要以城乡工业化、农业产业化、人口城市化和要素市场化为内在动力，以农民组织化、公共财政、农村金融服务体系及服务型政府为组织保障。赵保佑等（2009）认为，可依托新型工业化、新型城镇化、市场化、信息化和制度创新促进城乡布局分工、产业集聚、基础设施建设、环境保护、社会保障、社会进步一体化，从而推进城乡经济协调发展。黄坤明（2009）提出，城乡经济协调发展的关键在于"民本自发与政府自觉一体两翼、合力推进"。

总之，国内外关于促进城乡经济协调发展的对策措施非常丰富，这为我们探讨城乡经济协调发展对策有一定的借鉴作用。然而，城乡经济协调发展问题是复杂问题，不同的区域有不同的实际情况，不可能存在通用的统一的对策措施。这就要求我们在实际工作中具体情况具体分析，力求提出既符合城乡经济协调发展规律又符合当地城乡经济发展实际的对策措施，以有效地促进城乡经济协调发展。

1.2.5　关于鄂州市城乡经济协调发展的研究

改革开放以来，鄂州市城乡经济快速发展的同时，呈现出城乡经济发展不协调的趋势。国外尚未发现对鄂州市城乡经济协调发展问题的专题研究。国内一些研究机构及学者对此进行了研究，提出了有见地的观点，对深入研究鄂州市城乡经济协调发展具有一定的参考价值。但这些研究对促进鄂州市城乡经济协调发展的系统性、针对性、指导性还不够强，在定量研究、发展模式等方面有待深入研究。

中国社会科学院农村发展研究所王贵宸在其 1988 年主编的《巨变中的鄂州——新中国农村经济发展的典型剖析》中指出，新中国成立以来，鄂州市经济的发展经历了一个以农业为主到以工业为主的过程。鄂州市工业偏于重型结构。在城市经济的带动和支援下，郊区农村经济有了较大发展，鄂州市经济正朝着以农业为基础，以工业为主导，城乡交融，工农协调发展的城乡一体化发展。

中国社会科学院数量经济与技术经济研究所李京文在其1995年主编的《鄂州市超常规发展战略研究》中认为，1991～2010年鄂州市经济发展的战略目标可以确定为：到2010年把鄂州市建设成为居全国先进行列的以现代化中等城市为主体的城乡一体化的经济区。

范锐平（2008）对鄂州市城乡一体化"全域鄂州"① 规划及实践问题进行了探索，提出把鄂州市建设成为武汉城市圈"两型"社会示范区、湖北省城乡一体化先行区及宜居宜业组群式大城市。

中共湖北省委办公厅、湖北省人民政府办公厅（2009）在《关于鄂州市统筹城乡经济社会发展，推进城乡一体化试点工作的指导意见》中，对鄂州市城乡一体化试点工作的总体要求、主要任务、体制机制、政策支持及组织领导等方面提出了明确的意见，要求鄂州市到2016年在湖北省率先实现城乡一体化的基本目标。

国家统计局湖北调查总队（2009）在《对湖北鄂州市城乡一体化问题的探讨》一文指出，目前制约鄂州市城乡一体化发展的主要因素是城乡二元经济结构，鄂州市要实现城乡一体化，必须继续推进城市化、工业化，加大新农村建设、农民非农化转移和农业现代化建设力度，努力破除城乡二元经济结构。

1.3　研究的思路和方法

1.3.1　研究思路

研究鄂州市这样一个中部地区中等城市的城乡经济协调发展问题，必须充分

---

① "全域"一词是近年政界、学术界使用较为热门的词汇之一，冠以"全域"之名，一些城市提出建设"全域城市"理念。而以"全域"为关键词的理论研究目前并不多见，相关研究并未就"全域"的内涵和外延做出系统的界定。全域意味着某一区域的全部，即从更高的层次上将城镇与乡村作为整体的异质地区。"全域"包括三个层面的含义：一是全空间，即具有全地域性，不仅涉及城镇地区，而且还包含广大乡村地区；二是全方位，涉及区域经济社会总体发展规划、城市规划等之间的相互衔接；三是全要素，即从整个区域空间调动经济、社会、生态、土地等发展要素，实现空间发展与资源承载、产业驱动、基础保障、生态保护的融合及系统性计划和布置。

考虑鄂州市自身的特点和城乡经济协调发展所关注的主要问题。为此，在本书的研究过程中，紧紧地抓住了鄂州市、城乡经济和协调发展等关键词，将如何评价和实现鄂州市的城乡经济协调发展作为研究的核心内容，并将之贯穿于本书的全过程。

第一，对城乡经济协调发展的一些基础理论进行介绍。通过对不同理论的总结，得出在一定区域城乡经济系统发展过程中，城市经济与乡村经济是一个对立统一体，城市经济与乡村经济发展必须保持协调发展。

第二，对鄂州市城乡经济发展现状进行系统分析，并在此基础上，对目前制约鄂州市城乡经济协调发展的因素进行深入的分析，以便更好地把握城乡经济协调发展的现状及发展趋势。

第三，构建一套城乡经济协调发展评价指标体系，对鄂州市城乡经济协调发展进行实证评价，找出城乡经济协调发展的影响因素及薄弱环节。

第四，提出和总结国内外典型城乡经济协调发展模式，揭示可供借鉴的经验，在此基础上，探讨鄂州市城乡经济协调发展模式选择问题。

第五，在前文分析的基础上，提出促进鄂州市城乡经济协调发展的对策建议。

1.3.2 研究方法

本书以城乡经济协调发展为主线，以发展经济学、农业经济学、计量经济学和系统科学等学科相关原理为指导，坚持理论与实践相统一，采取规范研究与实证研究相结合、定性分析与定量分析相结合、系统分析与比较分析相结合等多种方法，对城乡经济协调发展评价指标体系与模式选择问题进行了全方位、多层次的系统研究，并以此为指导对鄂州市城乡经济协调发展问题进行实证分析。

规范研究与实证研究相结合。关于城乡经济协调发展研究，目前还没有形成统一成熟的理论，只有许多不同侧面的探索。书中介绍的城乡经济协调发展理论，涵盖了二元经济理论等相关理论的最新成果。同时，在研究过程中，深入区、乡镇、村、组开展调查研究，注重实地调查走访农户、企业，以使理论具有较扎实的实践基础。

定性分析与定量分析相结合。城乡经济协调发展是一个动态系统工程，涉及多变量间复杂联系，要准确把握其内涵、特征等，需要把定性分析和定量分析相结合。本书将运用定性与定量分析相结合的方法，对城乡经济协调发展评价指标体系、发展模式等方面进行分析，力求揭示其内在的规律性与本质特征。

系统分析与比较分析相结合。本书将城乡经济作为一个系统，从城乡经济要素的有效流动入手，同时对城乡经济进行比较分析，力求科学合理地解决城乡经济协调发展评价及模式选择问题。

1.4　研究的内容和框架

本书以城乡经济协调发展评价指标体系构建、实证分析、模式选择等关键问题为主要内容展开研究，按照内在逻辑顺序安排共有 8 章。

第 1 章是导言，阐述了本研究的目的与意义、国内外相关研究及进展，概述了本书的研究思路和方法、内容和框架，归纳了本书可能的创新点。

第 2 章对城乡经济协调发展的理论进行了分析。首先，在对城乡经济协调发展相关概念释义的基础上，着重介绍了城乡经济协调发展的几种典型理论；其次，阐述了城乡经济协调发展的内涵、特征、重要性及基本原则，为下文进一步讨论城乡经济协调发展问题提供理论基础。

第 3 章系统分析了鄂州市城乡经济发展现状，指出了城乡经济协调发展的有利条件，分析了城乡经济发展不协调的主要表现及成因。

第 4、5 章对城乡经济协调发展评价问题进行了探讨。首先，构建了一套城乡经济协调发展评价指标体系；其次，采用主成分分析法与层次分析法相结合的综合评价方法对鄂州市城乡经济协调发展进行实证分析评价。

第 6 章对鄂州市城乡经济协调发展模式选择问题进行了探讨。首先，在梳理分析国内外典型城乡经济协调发模式基础上，总结和提出了三类十五种城乡经济协调发展模式，提出了城乡经济协调发展模式的选择原则；其次，以鄂州市为例，对城乡经济协调发展的总体模式和分区模式进行了具体分析。

第7章在前面研究的基础上，提出了促进鄂州市城乡经济协调发展的对策建议，着重提出了促进城乡经济协调发展的具体措施。

第8章是研究结论的总结及展望。在概括总结本书研究的主要观点的同时，指出本书研究的不足之处，并展望城乡经济协调发展相关研究课题的发展趋势，以使未来的研究进一步完善化、系统化、科学化。

1.5　创 新 之 处

通过深入系统的分析与研究，在本书取得的研究成果中，可能有以下四方面创新。

一是构建了一套城乡经济协调发展评价指标体系。其主要贡献在于从规模性指标、结构性指标和功能性指标三个方面对城乡经济协调状况进行定量评价。

二是采用主成分分析法与层次分析法相结合的综合评价方法，对鄂州市城乡经济协调发展进行实证分析。结果显示：2000～2008年鄂州市城乡经济协调水平总体上处于初步协调、加速协调阶段，影响城乡经济协调水平的主要因素是人均GDP、城乡收入比、城镇化率等指标，评价结果比较符合鄂州市实际。今后一个时期，鄂州市要在继续保持经济规模快速发展的同时，协调推进城镇化、工业化、农业现代化、生态化，大力推进城乡公共品和服务均等化，切实提高城乡居民生活质量和水平。

三是总结和提出了国内外十五种城乡经济协调发展模式。其主要贡献在于从动力模式、政策模式、复合模式视角对城乡经济协调发展模式进行分类，增强了城乡经济协调发展模式选择的客观性、科学性、可操作性。

四是针对鄂州市城乡经济协调发展的实际，明确提出：从全域视角看，鄂州市可以选择二元组织农村偏向型模式；从区域视角看，鄂州市"一带"区域、"一轴"区域可分别选择二元组织城乡均衡型模式、二元组织农村偏向型模式；从主体功能区视角看，鄂州市优化开发区、重点开发区、生态保护区可分别选择二元组织城市偏向型模式、二元组织城乡均衡型模式、二元组织农村偏向型模式。

2   城乡经济协调发展的理论基础

城乡经济关系研究的开端是机器大工业的兴起。在产业革命之前，城市经济与乡村经济的性质并没有发生根本性变革，只是由于机器大生产的出现才撕开了"农业和工场手工业的原始家庭纽带"，从而导致了城乡经济二元化，从此，人们才对城乡经济关系进行深入系统的研究（黄坤明，2009）。历史上，一些发达国家或地区由于工业化、城镇化时间较长，城乡经济不协调问题得到了逐步化解，矛盾并不突出；而一些发展中国家或地区由于工业化、城镇化时间不长，再加上实行了城市-工业偏向发展模式，对农村、农业重视不够，城乡经济不协调问题没能得到及时解决，矛盾十分突出。因而，城乡二元经济结构成为一些发展中国家或地区的典型特征，并且在此基础上，城乡土地、劳动力、金融、公共品和服务等都具有二元经济结构特征。从某种意义上说，二元经济结构是破解城乡经济协调发展问题的"牛鼻子"，基于此，本章把城乡二元经济结构理论及相关理论作为城乡经济协调发展的理论基础，这样可以使我们更好地从理论上把握城乡经济协调发展的战略方向及实现路径。

2.1   城乡经济协调发展相关概念释义

2.1.1   城市与乡村

城市与乡村是两种客观存在的经济空间形态（赵佑保等，2009），是人类社会赖以生存与发展的地域实体。从区域经济的空间组织角度看，城市与乡村作为城乡系统的两个子系统，是人类社会分工和经济社会发展到一定阶段的产物（黄坤明，2009）。

关于城市与乡村的含义，人们从不同的视角进行了研究与界定，形成了一些有价值、有影响的成果。城市经济学家巴顿认为，"城市是一个坐落在有限空间地区内的各种经济市场——住房、劳动力、土地、运输等——相互交织在一起的网络系统"。地理学家罗德菲尔德认为，乡村是"人口稀少、比较隔绝、以农业生产为主要经济基础、人们生活基本相似，而与社会其他部分，特别是与城市有所不同的地方"。我国商务印书馆 1993 年出版的《辞源》对"乡村"的解释是"主要从事农业、人口分布较城镇分散的地方"，"城市"是"人口集中、工商业发达、居民以非农业人口为主的地区"。

在实践上，世界各地对城乡划分问题普遍重视，大多数国家或地区根据自身管理需求都制定了相应的划分标准。由于各个国家或地区历史背景、所处发展阶段及所面临的问题不同，基于不同的目的，城乡划分标准都存在一定的差异性。我们通过对这些标准的分析可以发现，尽管不同的国家或地区对城市与乡村的划分标准有所不同，但所采用的划分指标主要有三类：其一是人口规模和人口密度；其二是基础设施的完善程度及建筑密度；其三是人口的就业构成（国务院发展研究中心课题组，2010）。

随着工业化、城镇化进程的加快，我国在统计上对城乡划分也经历了一个动态变化过程。例如，1998 年《中国统计年鉴》关于城乡的解释是：市是"经国家批准成立'市'建制的城市"，镇是"经省、自治区、直辖市批准的镇"，市镇总人口"指市、镇辖区的全部人口"，乡村总人口"指县（不含镇）的全部人口"。1999 年，国家统计局《关于统计上划分城乡的规定（试行）》主要从人口角度来划分。规定城区范围为：一是人口密度在每平方公里 1500 人以上的市辖区；二是人口密度不足每平方公里 1500 人的市辖区政府驻地，区内其他街道办事处地域和城区建设已经延伸到的周边建制镇的所有行政区域；三是不设区市政府驻地，市内其他街道办事处地域和城区建设已经延伸到周边建制镇的所有行政区域。而到了 2006 年，国家统计局《关于统计上划分城乡的暂行规定》及《国家统计局统计上划分城乡工作管理办法》，又对原来的办法作了进一步修订，规定城镇包括城区、镇区，并明确将"城市公共设施、居住设施等连接到的其他居民委员会地域和村民委员会地域"界定为城区。

综上所述，现代城市与乡村是一个复杂而又模糊的概念，对其进行严格界定不是一件容易的事情。就本书所研究的"城乡经济协调发展"而言，城市或乡村是指在当前经济发展阶段，仍具有城市或者乡村主要特征的地域，二者可以从人口规模、职业构成、经济特征、生活方式及基础设施和公共服务的完善程度等方面加以区别。"乡"是指农村和集镇，具有人口密度较小、非农化、信息化和市场化程度较低，基础设施和公共服务不够完善等特征，往往对土地具有较强的依赖性。而"城"则是指乡村以外的城市、城镇、建制镇等所有城市型聚落，具有人口密度较大、非农化、信息化和市场化程度较高，基础设施和公共服务较完善等特征，往往是一定区域城乡政治、经济、文化中心。

2.1.2　城市经济与乡村经济

城市经济是指由城市工业、服务业等非农经济部门聚集而成的经济关系及经济活动的总称，具有空间集中性、对外开放性和非农主导性等特点，是人类历史发展到一定阶段的产物。城市经济的发展既受社会生产力及生产关系的制约，又受城乡经济关系的影响。而乡村经济则是指在城市以外的地域空间中的经济关系及经济活动的总称，包括农村地域空间中的农业、工业和服务业等经济部门的经济关系及经济活动（朱静和黎明，1996）。

从世界城乡经济发展的经验来看，城市经济与乡村经济存在一定的差异。从表 2-1 可以看出，这些差异表现在以下几个方面：一是从产业类型看，城市经济主要以工业、服务业为主，而乡村经济包括农业及农村工业、服务业；二是从生产方式看，城市经济以企业经营为主，具有专业化分工与合作的社会化大生产特征，而乡村经济则以家庭经营为主，即使人均收入已经超过 1 万美元的英国、丹麦等发达国家的农村，农业经营模式也还是以家庭经营为主；三是从消费方式看，城市经济往往具有高成本、直线式消费模式特点，而农村经济往往具有低成本、循环式特点，如农村过剩的食物可以用来喂猪、牛、鸡，粪便又可用来肥田，从而能够实现真正意义上的循环经济；四是从空间关系看，城市经济往往是生产、生活、生态三者分离，属于不同的空间，特别是现代城市主体功能区的形成，使城市经济按照明确的功能区发展，而乡村经济往往是生产、生活、生态空间三位一体，属于同一空间（仇保兴，2008）。

表 2-1　城市经济与乡村经济的差异

项目	城市经济	乡村经济
产业类型	城市工业、服务业	农业及农村工业、服务业
生产方式	以企业经营为主	以家庭经营为主
消费方式	高成本、直线式	低成本、循环式
空间关系	生产、生活、生态三者分离	生产、生活、生态三位一体

总之，城市经济与乡村经济是城乡经济系统不可分割的两个子系统，二者相互联系、相互作用、相互影响，共同推进城乡经济系统演化发展。

2.1.3　协调发展与科学发展

"协调"中的"协"与"调"均有均衡、和谐之义，"协调"即"配合得当"，协调发展是指事物间相互关系的理想状态及实现这种理想状态的过程（熊德平，2009）。协调发展具有整体性、层次性、动态性、开放性、非线性、相对性、可持续性、无限性等特征，其追求的是整体规模、结构、功能的高效统一及整体优化与个体共同发展的理想模式。在现实中，协调发展存在均衡协调发展与非均衡协调发展两种基本模式。事物的协调发展过程，一般都经历"非均衡协调发展—均衡协调发展—非均衡协调发展—均衡协调发展"这种形式循环往复以至无穷的过程，而每一次循环事物都经历着从简单到复杂、从无序到有序、从低级到高级的演化过程并发展到高一级阶段。

就社会系统而言，协调发展就是要求构成社会的各个子系统相互融洽、相互促进、共同发展，具体表现为城乡区域协调发展、经济社会协调发展、人与自然协调发展等形式。其中最为本质的要求就是经济、政治和文化协调发展，即物质文明、精神文明和政治文明协调发展。对于当代中国来说，保持物质文明、精神文明和政治文明协调发展尤为重要，必须在大力发展物质文明的同时，高度重视精神文明特别是政治文明的发展。因为中国作为一个发展中的大国，没有物质文明作基础是不行的，但仅有物质文明也是靠不住的。缺乏足够程度的精神文明及政治文明，高速发展的物质文明可能会成为社会动荡的诱因（托克维尔，1982）。

科学发展是以人为本、全面协调可持续的发展，是当代中国"协调发展"的最新理念。按科学发展的要求，"协调发展"就是要"科学发展"，就是通过"统筹兼顾"这一根本方法，推进生产力与生产关系、经济基础与上层建筑相协调，经济、政治、社会、文化、生态建设相协调。一是统筹城乡发展，注重农村发展，着力解决好"三农"问题，坚持工业反哺农业、城市支持农村和多予少取放活的方针，破除城乡二元经济结构，构建以城带乡、以工促农、城乡互动的城乡一体化发展新格局；二是统筹区域发展，在鼓励各区域立足优势，采取不同的发展模式推进发展的同时，建立完善合作机制、扶持机制、市场机制，形成各区域优势互补、共同发展的格局；三是统筹经济社会发展，把加快经济发展与促进社会进步结合起来，重视科技、教育、文化、卫生等社会事业发展，不断满足人民群众日益增长的精神、文化、健康等方面的需求；四是统筹人与自然和谐发展，处理好经济发展与人口、资源、环境的关系，建设资源节约型、环境友好型社会，走生产发展、生态良好、生活富裕的文明发展之路；五是统筹国内发展与对外开放，处理好国内发展与国际经济环境的关系，利用好国际国内两个市场、两种资源。

2.2 城乡经济协调发展的理论学说

综观世界城乡经济协调发展史，如何消除城乡二元经济结构、实现城乡经济协调发展，既是世界各地许多经济学家普遍关注的一个重大理论问题，又是世界各国在经济发展过程中共同面临的一个重大实践问题。在经济学文献中，经济学家多从发展经济学、农村经济学、区域经济学及城市经济学等不同的学科来探讨这一问题，形成了一系列有价值的理论学说。这些理论学说大体分为两类：一类是非均衡型协调理论，如二元经济结构理论、经济增长极理论、核心–外围理论等；二是均衡型协调理论，如田园城市理论等。此外，一些学者运用系统理论及方法分析研究城乡经济协调发展问题，对本书的研究也有一定的启示作用。

2.2.1　二元经济结构理论

"二元经济"概念最初源于荷兰经济学家伯克的"二元社会"论（Boeke，1953）。1953年，伯克在对19世纪印度尼西亚的社会经济状况进行考察研究的基础上，出版了《二元社会的经济学和经济政策》。他认为当时的印度尼西亚社会是一种典型的"二元社会"，即传统部门与现代部门并存，两部门之间在社会制度、经济制度上存在着大的差别，这是导致两部门在个人效用函数、行为准则以及资源配置方式等方面迥然不同的深层原因。之后，人们开始运用"二元"理论分析经济社会现象。

1954年，美国经济学家Lewis（1954）对伯克的理论进行了创新发展，在其论文《劳动无限供给条件下的经济发展》中提出了二元经济理论。他认为，在发展中国家同时存在着两个经济部门，一个是相对强大的传统农业部门，一个是相对弱小的现代工业部门，这两个部门在生产方式、生产规模、生产效率及收入水平等方面存在明显差距。他分析了劳动力在传统农业部门与现代工业部门之间的流动现象，发现城市现代工业部门的工资水平高于传统农业部门。如果劳动力的流动不受限制，传统农业部门的剩余劳动力必然大量流向城市工业部门，经济发展就表现为现代工业部门通过资本积累而扩张，从农业部门吸收更多的剩余劳动力，直到将传统农业部门的"剩余劳动力"全部吸收，最终经济由二元变为一元。很明显，在如何实现二元经济结构转换这一问题上，刘易斯主张的是一种典型的城市–工业偏向发展理论。刘易斯理论还可以通过以图2-1来进一步说明。

在图2-1中，OD轴为劳动的边际产品及工资，OA轴为农村–农业部门的劳动力，OW为城市–工业部门的现行工资水平，WS为劳动力无限供给的供给曲线，$D_1(k_1)$，$D_2(k_2)$，$D_3(k_3)$为不同资本水平下的劳动边际生产率曲线。其中，$k_1 < k_2 < k_3$，边际生产率曲线的外移，反映出随着资本积累的增加，劳动的边际生产率也不断提高这一变化趋势。我们可以看到，当资本总量从k_1上升到k_2时，劳动边际生产率曲线由D_1变为D_2，资本家雇佣工人的总量从OL_1上升到OL_2。若这个过程不断进行，则可反映出在城市–工业部门的现行工资水平不变且高于

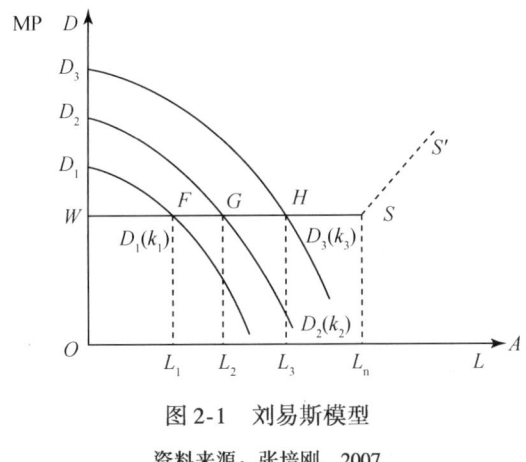

图 2-1 刘易斯模型

资料来源：张培刚，2007

农村–农业部门的现行工资水平的条件下，随着资本积累的提高，越来越多的农村劳动力转移到城市–工业部门，直至农村–农业部门剩余劳动力全部转移完为止。而到此阶段之后，劳动供给曲线将不再是一条水平线，而是开始向右上方倾斜，工资水平逐步提高，劳动力成为城乡经济发展中的稀缺要素，城乡二元经济结构转型得以完成（张培刚，2007）。

刘易斯理论大致反映了发达国家走过的道路，同发展中国家的现实比较接近。该理论一经发表，立即在学术界引起了极大的反响，人们在充分肯定其合理性的同时，对其理论中劳动力无限供给的假设及忽视农业部门发展等问题也颇为诟病。因为无论在理论上还是实践上，忽视农业的发展都是无法想象的。

1961 年，拉尼斯和费景汉在继承刘易斯理论的基础上，对刘易斯理论作了重要的补充和修正。针对刘易斯理论的缺陷，即忽视了农业发展在工业发展中的作用，拉尼斯和费景汉提出了刘易斯–拉尼斯–费景汉模型，认为解决农村剩余劳动力、转换二元经济结构问题，需要实现工业与农业均衡增长，这就要求除了依靠增加工业资本存量等措施发展城市现代工业外，还要依靠推进农业技术进步等措施发展传统农业。很明显，在如何实现二元经济结构转换这一问题上，刘易斯–拉尼斯–费景汉模型主张的是一种典型的农业–工业均衡发展论。刘易斯–拉尼斯–费景汉理论模型将传统农业部门的发展纳入了分析范畴，给予了传统农业部门在经济发展中的合理地位，强调了"农业剩余"对劳动力转移和经济发展的制约作用及工业-农业平衡增长的重要性，比较透彻地分析了农业部门是如何影响工业部门扩张及劳动力转移的机理，较好地弥补了刘易斯理论的不足（张培刚，2007）。但是，该理论与刘易斯理论一样还存在缺陷，如传统农业部门与现代工业部门的工资在劳动力转移完之前保持不变的假设，难以得到实证检验。

1970年，哈里斯和托达罗以城市失业问题为基础，研究农村人口向城市转移现象，发表了《人口流动、失业和发展：两部门分析》一文，建立了哈里斯-托达罗模型。他们认为，农村劳动力向城市迁移决策是根据预期工资最大化作出的。农村向城市非农产业移民的主要动力，在于城乡之间存在着实际工资差距，特别是在发展中国家这种差距更大。一般来说，当农村就业预期收入低于城市就业预期收入时，农村劳动力往往会作出由农村向城市迁移的决策。很明显，在如何实现城乡二元经济结构转换这一问题上，哈里斯和托达罗主张统筹城乡就业，提出了通过工业化、城市化促进农村剩余劳动力向非农产业转移，同时指出，发展农村经济、提高农村居民收入是解决城市失业及"农村病"、"城市病"的根本途径。当然。哈里斯-托达罗模型也存在不完善之处，如关于农村无失业、城市有失业的假设，无法在劳动力资源丰富而土地资源稀缺的发展中国家（如中国）得到验证（李佐军，2003）。

二元经济结构理论对发展中国家的城乡经济发展有着重要的启示意义。首先，发展中国家在实现工业化过程中必然出现城乡二元经济结构现象，二元经济结构强度将出现先上升后下降的变化趋势，二元经济结构也将逐步向一元结构演化。因此，发展中国家必须适应城乡经济发展规律，从实际出发，有计划、有步骤地推进城乡二元经济结构转换。其次，发展中国家在实现城市化过程中必然伴随着工业化不断深化的过程，要逐步协调推进工业化、城市化。但是，理论总有许多前提及假设，因而在实际工作中会出现一些偏差。受二元经济结构理论的影响，在实践中，许多发展中国家采取了城市-工业发展模式，忽视了农村、农业发展，直接导致了城乡之间、区域之间差距扩大（黄坤明，2009）。这种城乡分割的二元经济结构造成的危害是严重的：城市像欧洲，农村像非洲。一方面，城市相对发达，人口拥挤，出现了"城市病"，制约了城市的进一步发展；另一方面，农村相对落后，农村科技、教育、文化、卫生发展落后，特别是农村丰富的经济资源没有得到有效的开发和利用，农村居民生活水平低，出现了"农村病"，制约了农村的进一步发展。

2.2.2 增长极理论

增长极理论由法国经济学家 Perroux（1955，1961）首次提出。1955 年他在《增长极概念的解释》论文中首次提出增长极概念，1961 年在《二十世纪的经济》一书中充分阐述了增长极理论。他认为，经济增长在一定地域空间在某些增长极往往以不同的强度和速度首先出现，然后通过各种渠道向外辐射和扩散，带动整个经济发展。他的增长极理论对指导区域经济发展具有重要的启示意义。

1957 年，瑞典经济学家 Myrdal（1957）在《经济理论和不发达经济》一书中使用"回波效应"和"扩散效应"的概念，分析经济发达地区对周围落后地区的双重效应，进一步发展了增长极理论。他认为，"回波效应"表现为促成劳动力、资本、技术等生产要素向发达地区回流，导致地区间经济发展差距进一步扩大，是一种发达地区对周围落后地区的不利影响；"扩散效应"表现为在一定的经济发展阶段上促成劳动力、资本、技术等生产要素从发达地区向周围落后地区扩散，导致地区间经济发展差距进一步缩小，是一种对周围落后地区的有利影响。而市场机制的作用往往倾向于扩大地区间差距，即回波效应大于扩散效应，最终形成"地理上的二元经济结构"。在推动区域经济发展过程中，政府应该采取非均衡发展模式，在发达地区产生回波效应的同时，推进其扩散效应的形成，刺激发达地区周围落后地区的发展，从而缩小地区间经济发展差距。

增长极理论对我们处理城乡经济关系具有一定的启示作用。按照增长极理论，在一定的区域经济中，城市是发达地区，而周围农村则是落后地区，一般来说，城市可作为一个区域的增长极。这样，增长极理论把城市、农村联系起来，可以作为区域经济发展的理论依据。在实践中，城镇化战略可以看做是增长极理论的一种有效实践形式。我们可以通过优先发展城市，充分发挥城市的技术创新与扩散效应、资本集中与输出效应、规模经济效益和聚集经济效应，促进城市经济发展壮大，带动周围农村地区发展，从而实现区域城乡经济协调发展。

2.2.3 核心-外围理论

核心-外围理论是由 Prebisch（1962）首先提出的。他认为，在传统的国际分工条件下，可将世界分为核心国家与外围国家两大体系，即由发达国家构成的核心体系与由发展中国家构成的外围体系。1966 年，Friedman 在《区域发展政策》一书中，在分析研究发达国家与发展中国家之间不平等经济关系的基础上，系统提出了核心-外围理论。他认为，一个国家由核心区和外围区组成。核心区是城市聚集区，人口密集，工业发达，资本集中，技术水平较高，经济发展较快。外围区相对于核心区来说，经济发展较慢。在区域经济发展过程中，核心区与外围区之间存在着不平等的发展关系。核心区依靠其创新、资本、信息等优势，从外围区获取剩余价值，使外围区的资金、劳动力等要素不断向核心区流动，形成核心区与外围区之间不平等的发展格局。同时，核心区对创新的潜在需求又进一步增强了其发展能力，在向外围区扩散中进一步强化了其有利地位。相比而言，外围区将处于更加不利地位。对此，Friedman 指出，核心区与外围区并不是固定不变的，他进一步提出核心地区发展战略，旨在"使新的核心地区在外围活起来"，不断形成新的核心区，打破不良的核心-外围结构，逐渐达到空间经济一体化。

核心-外围理论对我们思考城乡经济协调发展问题具有重要的参考价值。按照核心-外围理论，城市与农村关系可以看做是核心与外围的关系。与核心相对应的是城市，与外围相对应的是农村。在推进城乡经济协调发展过程中，要注意把握合理的协调准则，加快工业化、城市化、城乡一体化进程。一方面，发挥核心区的主导效应、心理效应、信息效应、连接效应、生产效应及现代化效应，促进核心区的不断成长，增强城市实力；另一方面，通过信息、交通、商品、流通、金融等系统把城市与农村连接起来，带动农村的发展，从而促进城乡经济协调发展。

2.2.4 田园城市理论

1898 年，霍华德在《明天：一条通向真正改革的和平之路》（在 1902 年再版为《明日的田园城市》）一书中提出了田园城市理论①，指出在工业化条件下，城市与宜居条件及自然隔离之间存在矛盾。城市人口之所以过于集中，是因为城市有着吸引人口的"磁性"，如果对这些"磁性"进行有意识的控制或移植，城市就不会盲目膨胀。因此，他指出"城市和乡村必须成婚，这种愉快的合作将迸发出新的希望、新的生活、新的文明"，要从城乡结合的角度来协调解决城市发展问题，"用城乡一体的新社会结构形态来取代城乡对立的旧社会结构形态"。由此可见，霍华德所说的田园城市"实质上是城和乡的结合体"，所倡导的田园城市理论实际上是对原有城市化道路的反思，把城乡作为一个整体来分析，统筹考虑城乡人口密度、资金来源、财政收支、土地分配、城市绿化带及城市经营管理等问题，强调城乡之间的相互联系，对后人搞好城市规划与城市发展产生了重要的影响。

在霍华德理论基础上，1961 年，美国城市理论家芒福德在其代表作《城市发展史：起源演变与前景》中，进一步指出，城与乡同等重要，城与乡应该有机结合起来。芒福德赞同赖特（Wright，1932）的"广亩城"设想②，认为要使霍华德的田园城市变为现实，就必须促进城乡区域整体均衡发展，确保城乡居民生活质量均等化。在如何促进城乡区域整体均衡发展问题上，主张以现有城市为主

---

① 目前，国际上有两种城市规划理论影响较大：一个是霍华德的田园城市理论；一个是柯布西耶的城市规划理论。后者是前者的发展，出现在 20 世纪 20 年代。柯布西耶在《明日之城》中提出"梦想之城"的概念，认为城市可以向空中发展，做密集型的高楼大厦；城市可以做立体绿化，5% 的土地为建筑用地，95% 的土地为绿化。可以说，柯布西耶与霍华德城市规划思想是殊途同归，是为解决同一个问题使用的不同手段和道路。作者认为，我国是一个人多地少的大国，大城市建设走柯布西耶之路比较合适，而中小城镇和新农村建设更适宜走霍华德之路。

② 1932 年，赖特在《消失中的城市》中写道："未来城市应是无所不在而又无所在的，这将是一种与古代城市或任何现代城市差异如此之大的城市，以至我们根本不会把它当作城市来看待。"随后，赖特又提出了"广亩城"设想，旨在把集中的城市重新分布在地区性农业的方格网上。值得一提的是，赖特的广亩城设想建立在美国社会机动化时代，美国城市 20 世纪 60 年代以来的郊区化趋势也就成为赖特广亩城思想的最好体现。

体，通过建造许多"新的城市中心"，以分散权力的形式实现城乡区域均衡发展。

田园城市理论对我们研究城乡经济协调发展具有一定的指导意义，它要求我们在城市化背景下把解决城乡矛盾作为基本问题进行思考。一是城乡发展要充分体现人居环境要素，实现山、水、田、林、城等融为一体，人与自然和谐发展；二是要处理好大中小城市及小城镇之间的关系，适当控制中心城市规模，加快发展中小城市和小城镇；三是要整合城乡资源，实现优势互补、协调发展。总之，田园城市模式不失为统筹城乡发展的一种可资借鉴的模式。

2.2.5　系统理论

系统理论包括系统论、耗散结构论、协同学、自组织理论等系统科学理论（邹珊刚等，1987）。

系统论认为，系统是由若干要素组成的具有一定结构和功能的有机整体。系统具有整体性、层次性、开放性、动态性等特点。一般来说，系统论从要素与要素、要素与系统、系统与环境三种关系和规模、结构、功能三个方面揭示了系统协调与演化的内在机理，为我们从整体上把握系统协调发展提供了系统思想方法。

耗散结构论认为，"非平衡是有序之源"。系统在平衡态及近平衡态都无法产生新的有序结构，而只有处于远离平衡态的开放系统，不断地通过与外界环境进行物质、能量、信息交换，在外部条件变化达到一定临界值时，才会形成新的有序结构，即耗散结构。

协同学认为，一个远离平衡态的开放系统，当其物质或能量的集聚达到某种临界值时，其子系统间会发生非线性相互作用，集体自发地产生协同效应，形成某种相对稳定的结构，从而使系统从无序变为有序，出现序参量：序参量的合作与竞争最终导致只有少数序参量支配系统，即更高程度的协同。而一个系统从无序到有序转化的关键，在于由一个大量子系统所构成的开放系统内部发生的协同作用（哈肯，1984）。

自组织理论认为，开放是促进系统由原始向现代、由低级向高级不断进化的决定力量。在开放系统内部，各子系统与要素之间的相互作用满足非线性关系，且远离平衡态，在涨落的诱发下，将会进入自组织状态，使系统不断层次化、结构化，实现从无序到有序和从低有序到高有序的演化，从而使系统不断产生新的结构和功能（苗东升，1988；张彦和林德宏，1990）。

系统科学理论对我们分析城乡经济协调发展问题具有重要的启示意义。城乡经济系统是复杂的开放系统，具有整体性、相关性、层次性、动态性等特征。我们可以从系统科学视角研究城乡经济关系，揭示城乡经济发展规律。一方面，城市经济系统和乡村经济系统互为条件、互为因果，是城乡经济系统不可分割的有机组成部分。因此，要实现城乡经济协调发展，就必须将城市经济系统和乡村经济系统纳入统一的城乡经济系统中，统一协调城乡经济关系，从而实现城乡经济大系统的整体结构优化和功能提升。另一方面，城乡经济系统的优化目标是确定城乡经济协调发展政策的依据。现阶段，城乡一体化是我国城乡经济系统优化的总目标，那么，我们在制定城乡经济协调发展政策时必须围绕这个目标，制定并实施城乡一体化的政策体系。因此，在制定城乡经济发展政策时，要统一城乡产业政策、金融政策、财税政策、户籍政策、土地政策、社保政策、医保政策、教育政策、文化政策等相关政策，努力促进城乡公共品和服务均等化，从而不断提高城乡居民生活质量和水平，让城乡居民共享改革发展成果。

2.3 城乡经济协调发展的内涵及特征

2.3.1 城乡经济协调发展的内涵

城乡经济协调发展是城市经济与乡村经济相互联系、相互作用、互动共赢的过程，是城乡经济总量扩张、结构优化、竞争力提升的集中体现。

城乡经济协调发展是城乡二元经济结构的优化发展形态。城乡二元经济结构指发展中国家广泛存在的城乡生产及组织的不对称性，亦指落后的传统农业部门与先进的现代经济部门并存且差距明显的一种社会经济状态（王梦奎，2004）。城乡二元经济结构形成的根本原因在于两部门不同的分工水平，随着分工组织的演进及分工水平的提高，二元经济结构转变将体现为工业化和在此基础上的服务业的兴起及城市化水平的提高的过程，而促使分工演进的关键在于交易费用的降低（高帆，2005）。长期以来，我国城乡二元经济结构造成了农村劳动力大量过剩、农业生产效率低下、农业现代化进程缓慢、城乡经济差距扩大等问题。城乡二元制度（指正式制度占主导的城市制度和非正式制度为主的农村制度）是城乡二元经济结构产生、强化及僵化的重要原因。要转变城乡二元经济结构就必须从优化城乡二元制度结构入手（文峰，2009）。而一旦城乡二元体制改革取得突破性成就，则必将促进国民经济的持续健康发展（厉以宁，2008）。

城乡经济协调发展，就是要使城市与农村紧密联系起来，促进城乡经济一体化发展，进而改变城乡二元经济结构，建立社会主义市场经济体制下平等和谐的城乡关系（夏春萍，2005）；就是要把城市与乡村经济发展要素纳入到一个经济发展大系统中进行统一筹划，旨在改变城乡经济分割状态，建立密切的城乡经济关系，实现城乡生产要素的合理配置和双向流动，有效协调城乡居民经济利益关系，从而逐步消除城乡二元经济结构，使城市化、工业化、农业现代化得以顺利实现（赵佑保等，2009）。因此，城乡经济协调发展的实质在于转变城乡二元经济结构，根本途径在于工业化和城镇化。

从城乡结构关系的视角来看，城乡经济是不可分割的统一体。南开大学经济研究所张海鹏（2007）在《探讨城乡经济协调发展之路》一文中构建了一个城乡经济协调发展模型（图2-2），可以较好地说明城乡经济之间的关系。

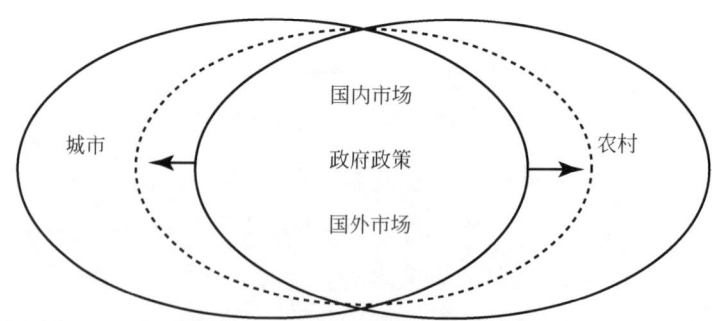

图 2-2   城乡经济协调发展模型

注：城乡之间的交集代表城乡之间的共同利益

资料来源：张海鹏，2007

该模型反映了农村、城市、政府及其相互依赖的国内外共同市场之间的动态关系，其核心思想是以城乡各自经济发展的基础为出发点，为了扩大城乡之间的共同利益，通过政府政策的积极配合，充分利用与发展国内外市场，实现城乡经济协调发展。该模型说明，城乡经济既是相互独立与自主的系统，又是相互联系与作用的系统，城乡经济协调发展的关键在于最大限度地扩大城乡之间的联系与合作，最大限度地减少城乡之间的对立与冲突（张海鹏，2007）。

2.3.2 城乡经济协调发展的特征

由于城乡经济系统是一个复杂的巨系统，我们可以从系统演化和系统模式视角来把握城乡经济协调发展的本质特征。从一定意义上来说，系统演化与协调模式互为因果关系，系统模式特征决定着系统演化特征，一定的演化特征是一定的模式特征的必然结果。

2.3.2.1 演化特征：规模扩大、结构优化、功能强化

从系统演化视角看，城乡经济协调发展过程是城乡经济系统由无序到有序的演化过程，也是城镇化、工业化、农业现代化、高新化、生态化协调发展的过程，其主要特征是规模扩大、结构优化、功能强化。规模扩大，是指城乡经济协调发展必须有一定的发展速度和规模。没有一定发展规模的协调发展是低水平的协调发展，是难以为继的协调发展。结构优化，是指城乡经济协调发展必须处理好各种结构关系，如城市经济与乡村经济关系，第一、第二、第三产业关系，消费、投资、出口关系，经济发展与人口、资源、环境关系等。功能强化，是指城乡经济协调发展必须满足城乡居民日益增长的物质文化需求，促进城乡基础设施和公共服务均等化，这包括妥善解决城乡居民最关心的水、电、路、气、房和就业、教育、文化、卫生、社会保障等问题。

2.3.2.2 模式特征：战略协同、制度公平、政策均等

从系统模式视角看，城乡经济协调发展过程是城乡经济协调发展模式的构建

过程，其主要特征是战略协同、制度公平、政策均等。战略协同，是指把城市经济与乡村经济作为整体进行谋划，使城市经济与乡村经济两大子系统在战略目标、战略方针、战略规划、战略步骤方面保持高度协同。制度公平，是指为城市经济与乡村经济创造公平的制度环境，如城乡公平的土地制度、产权制度、社会保障制度等。政策均等，是指城市经济与乡村经济在经济政策上实行均等化政策，如城乡均等的投资政策、财政政策、户籍政策、就业政策等，转变城市经济政策偏向，重视乡村经济发展，促进城乡经济协调发展。

2.4 城乡经济协调发展的重要意义

2.4.1 落实科学发展观的内在要求

全面贯彻落实科学发展观的一个重要要求就是实现城乡经济协调发展，注重农业、农村发展，坚持工业反哺农业、城市支持农村和多予少取放活方针，逐步破除城乡二元经济结构，缩小城乡经济差距，促进城乡经济全面发展，形成以城带乡、以工促农、城乡互动共赢的城乡经济一体化新格局。科学发展观坚持以人为本原则，要求城乡经济发展必须着眼于城乡居民的共同发展，协调安排城乡生产活动及经济利益分配，通过发展城乡经济使城乡居民物质文化生活得到全面改善。目前，城乡经济分割、城乡居民收入差距不断扩大与科学发展观相悖。只有正确处理城乡、工农关系，更新重城轻乡观念，破除城乡二元体制，有效解决城市与乡村两个不同利益群体在经济、政治、社会、文化等方面存在的不协调问题，不断缩小城乡居民在经济、政治、社会、文化方面的差距，才能逐步形成城乡经济协调发展的新格局，从而实现城乡科学发展。

2.4.2 解决"三农"问题的根本途径

"三农"问题的突出表现在农业经济效益不高、农村社会发展滞后、农民收入增长缓慢等方面，其内在原因在于农村落后的生产方式和较低的生产效率，外在原因在于城乡要素分割，尤其是大量农村剩余劳动力无法有效转移到城市现代产业部门。推进城乡经济协调发展，可以打通城乡要素自由流动的渠道，促进农村剩余劳动力的转移，有效地增加农民收入，提高农业劳动生产率，促进农村全面发展，从而破解"三农"难题。推进城乡经济协调发展要求以城镇化为基础，以农业现代化建设及农村经济结构调整为重点，着力构建城市带动乡村、工业反哺农业长效机制，推进城市与乡村、工业与农业良性互动、协调发展，最终从根本上解决"三农"问题。因此，推进城乡经济协调发展必将有利于"三农"问题的解决。

2.4.3 建设社会主义新农村的客观需要

建设社会主义新农村是一场涉及城乡关系调整的重大变革，发展农村"就农村论农村""就农村抓农村"是远远不够的，必须通过构建新型城乡关系，通过以城带乡、以工促农，城乡经济协调发展来实现。过去，国家根据城乡经济发展实际，通过实施工农业剪刀差等城市–工业偏向政策，为城市工业发展积累了大量启动资本，乡村经济为城市经济发展作出了巨大牺牲。现在，中共中央从我国城乡经济发展的新形势出发，提出加快建设社会主义新农村，要求城市经济必须为乡村经济发展作出更大贡献，这既符合效率原则，又符合公平原则。中共中央十七大报告明确指出，要"统筹城乡发展，推进社会主义新农村建设"。因此，推进城乡经济协调发展，无论是在理论上还是实践上，都有利于社会主义新农村建设。

2.4.4 全面建设小康社会的物质基础

建设全面小康社会的一个根本要求是城市经济和乡村经济全面发展、共同繁荣。只有城市经济的发达，没有乡村经济的繁荣，不是全面小康社会，也不是和谐稳定的社会。乡村经济促进城市经济的发展，不仅体现为农业为城市经济的发展提供要素、产品、市场、外汇等贡献，还体现为乡村作为城市的腹地也是国民经济不可或缺的重要组成部分，没有发达的乡村经济作基础，城市经济的发展将是不可持续的。因此，只有实现城乡经济协调发展，才能确保全面小康社会的顺利实现。

2.5　城乡经济协调发展的基本原则

2.5.1　民生优先原则

民生问题是城乡经济协调发展最直接、最现实、最根本的问题，必须予以优先考虑。针对当前城乡经济发展中存在的就业压力大、收入差距大等问题，不断完善保障和改善民生的制度安排，着力保障和改善民生，切实把握城乡经济协调发展的立足点。一是把促进城乡就业放在城乡经济发展优先位置，千方百计促进就业和构建和谐劳动关系；二是加大收入分配调节力度，合理调整城乡收入分配关系，努力实现城乡居民收入与经济增长同步、劳动报酬增长与劳动生产率提高同步，农民收入稳步增加，城乡居民收入比逐步缩小，使城乡居民共享发展成果；三是加快城乡基础设施一体化步伐，健全覆盖城乡居民的社会保障体系，加快发展医疗卫生事业等各项社会事业，推进城乡公共品和公共服务均等化。

2.5.2　系统优化原则

城乡经济系统是一个复杂的大系统。在这个系统中，城市经济系统与乡村经济系统相互联系、相互作用，不断地进行着物质、能量、信息交换，形成了城乡经济系统的不同结构。城乡经济协调发展就是城乡经济系统结构的整体优化，主要包括城乡经济需求结构优化、产业结构优化、要素投入结构优化等方面。因此，要把城乡经济系统结构优化作为城乡经济协调发展的重要原则加以贯彻落实。针对当前城乡经济发展中存在的投资与消费关系失衡、产业结构不合理、城乡区域发展不协调等问题，着力调整优化城乡经济结构，切实把握城乡经济协调发展的关键点。一是优化城乡空间结构，统筹城乡发展，规划发展主体功能区，加快推进城镇化及社会主义新农村建设，促进城乡互动共赢、协调发展；二是优化城乡经济需求结构，构建扩大内需长效机制，有效扩大农村消费需求，促进城乡经济增长向依靠消费、投资和出口协调拉动转变；三是优化城乡产业结构，加强农业基础地位，大力提升制造业核心竞争力，积极发展战略性新兴产业，加快发展现代服务业，促进城乡经济增长向依靠第一、第二和第三产业协同带动转变。

2.5.3 科技支撑原则

科学技术是第一生产力，人才是城乡经济协调发展的第一稀缺资源，城乡经济协调发展离不开科技和人才的支撑作用。针对当前城乡经济发展中存在的科技与经济脱节、科技创新能力不强等问题，着力推进城乡科技进步与创新，切实把握城乡经济协调发展的支撑点。一是实施科技兴市战略，充分发挥科技第一生产力作用，增强城乡自主创新能力，把科技进步与创新同优化城乡产业结构、改善民生结合起来，大力推进科技成果向现实生产力转化，推动城乡经济发展向主要依靠科技进步、劳动者素质提高及管理创新转变，加快建设创新型城市；二是完善科技创新制度和政策，深化科技体制改革，加快推进基于城乡产业集群的区域创新体系建设，积极引导和支持创新要素向企业集聚，建立完善的以企业为主体、市场为导向、产学研相结合的技术创新[①]体系，强化支持企业科技创新的人才政策、知识产权政策、财税政策和金融政策；三是加快教育改革发展，合理配置城乡公共教育资源，重点向乡村落后地区倾斜，缩小城乡教育差距，促进城乡教育公平，提高城乡教育现代化水平；四是实施人才强市战略，加快人才强市建设步伐，加强城乡经济建设需要的各类人才队伍建设，壮大城乡创新人才队伍，充分发挥人才第一资源作用，努力营造人才辈出、人尽其才的良好创业创新环境。

---

① 技术创新作为经济学概念，是美籍奥地利经济学家熊彼特（1912）在他的《经济发展理论》一书中提出的。熊彼特认为，技术创新就是把生产要素和生产条件的新组合引入生产体系，这种新组合主要包括以下内容：生产新产品或提供一种产品的新质量；采用一种新的生产方法、新技术或新工艺；开拓新市场；获得一种原材料或半成品的新的供给来源；实行新的企业组织方式或管理方法。

2.5.4 生态文明原则

倡导生态文明①，坚持节约资源和保护环境基本国策，是城乡经济协调发展的基本要求。针对城乡经济发展的资源、环境约束日益强化等问题，着力建设资源节约型、环境友好型城市，切实把握城乡经济协调发展的着力点。加强资源节约和管理，加大环境保护力度，加强生态保护及防灾减灾体系建设，积极应对全球气候变化，降低温室气体排放强度，开发和推广低碳技术，大力发展循环经济、绿色经济、低碳经济，促进经济、社会发展与人口资源环境相协调，走生态文明的绿色发展之路。

2.5.5 改革开放原则

改革开放是促进城乡经济协调发展的强大动力，必须整体推进城乡各领域改革开放。针对制约城乡经济协调发展的体制机制障碍依然较多等问题，着力推进改革开放，切实把握城乡经济协调发展的主动力。一是加快改革步伐，明确改革重点及顺序，重视改革顶层设计及总体规划，大力推进城乡二元体制改革，不断完善有利于城乡经济协调发展的体制机制，为城乡经济协调发展提供强有力的制度保障；二是实施互利共赢的开放战略，坚持"走出去"与"引进来"并重、市内与市外并重的方针，建立完善的适应城乡经济对外开放的体制机制，积极主动对外开放，积极参与国际、国内经济竞争与合作，不断拓展对外开放领域和空间，不断扩大同各方利益的汇合点，不断优化对外贸易结构，不断提高利用外资质量，不断提高对外开放水平。

---

① 周宏春（2012）认为，生态文明的内涵表现在四个方面：一是生态文明的核心在于人与自然和谐；二是生态文明的文化在于天人调谐；三是形成生态文明的社会形态；四是人生态度和生态自觉，包括人对生命的态度、对生活的态度、对生存的态度。建设生态文明，有利于保持经济持续健康发展、提高人民生活质量、实现中华民族永续发展。十八大报告提出了我国大力推进生态文明建设要优化国土空间开发格局，坚持节约资源和保护环境的基本国策，加大自然生态系统和环境保护力度，加强生态文明制度建设。

3 鄂州市城乡经济协调发展现状分析

改革开放 30 多年来，在工业化、城镇化、高新化①、市场化、国际化的推动下，鄂州市城乡经济实现了持续快速发展，城乡居民物质文化生活水平得到了极大提高。与此同时，城乡经济发展不平衡、不协调问题也十分突出，主要表现为城乡差距不断扩大、城乡二元经济结构特征不断强化。鄂州市要在改革发展中率先在湖北省实现城乡一体化，破除城乡二元经济结构、促进城乡经济协调发展成为必然的首要选择。而正确把握促进城乡经济协调发展的有利条件，科学分析城乡经济发展过程中存在的突出问题及成因，既是科学选择城乡经济协调发展发展模式的前提，也是促进城乡经济协调发展的保证。因此，本章对鄂州市城乡经济协调发展的内外环境进行分析，以便我们更好地把握鄂州市城乡经济协调发展的现状及发展趋势。

3.1 鄂州市城乡经济协调发展的有利条件

近几年来，随着工业化、城镇化、城乡一体化的快速推进，鄂州市城乡经济协调发展具备了一些十分有利的条件。

3.1.1 城乡统筹的战略方针为协调发展提供政策保障

首先，从党的十六大提出统筹城乡发展的战略方针以来，城乡协调发展问题

---

① 高新化是信息技术、生物技术、新能源技术、新材料技术等高新技术的商品化、市场化、产业化、社会化过程；而信息化则是充分利用信息技术和信息资源，发展高新技术产业和改造提升传统产业，优化产业结构，提升经济增长质量，促进经济社会发展的历史进程。因此，从这个意义上说，信息化可以看做是高新化的重要内容，高新化包含信息化。

成为党和政府十分关注的重大问题。2010 年中央一号文件强调，要进一步加大统筹城乡发展力度，采取更直接、更有力的政策措施，支持农业发展，促进农民增收，形成城乡协调发展格局。党和政府对城乡经济协调发展给予了高度关注，特别是对增加农民收入制定了实实在在的政策措施。这一系列强农惠农政策给鄂州市城乡经济协调发展带来新的机遇。

其次，国家实施扩大内需和"中部崛起"战略及建设中三角城市群、武汉城市圈"两型社会"综合改革试验区，对鄂州市来说，是促进城乡经济协调发展的重大历史机遇。鄂州市处于武汉城市圈核心圈，农业资源丰富，工业基础较好，交通发达，市场体系相对完善，完全能够在国家实施"中部崛起"战略和建设中三角城市群、武汉城市圈"两型社会"试验区中吸引大批海内外战略投资者抢滩鄂州，政策优惠与自身优势的结合使鄂州市城乡经济协调发展前景广阔。

最后，湖北省把鄂州市作为城乡一体化试点城市，赋予鄂州市在城乡经济协调发展方面具有一系列先行先试的优惠政策。鄂州市充分利用先行先试权，以均衡城乡二元制度为突破口，加大改革开放力度，着力推进体制机制创新，全市的城乡面貌得到明显改善，初步形成了具有鄂州特色的城乡协调发展模式（湖北省市联合调研组，2010）。

3.1.2 "全域鄂州"的科学规划为协调发展描绘美好蓝图

长期以来，"重城轻乡"的城乡二元规划体制一直制约着鄂州市城乡经济协调发展。鄂州市从实际出发，引入"全域鄂州"理念，推进城乡二元规划体制改革，大力推动"四个转变"（由按行政层级编制规划向按经济流向及发展潜力编制规划转变、由产业分割规划向产业协调规划转变、由区域分割规划向区域联动规划转变、由城乡分割规划向城乡统筹规划转变），力求实现经济区位与地理区位匹配、开发格局与行政格局兼容、一方产业与一方水土和谐。按照"全域鄂州"的规划理念，鄂州市把 1593 平方公里的范围进行整体规划，合理进行城市功能分区，构建以 106 个中心村（新社区）为基础、10 个特色镇为节点、3 座新城为支撑、主城区为中心的"一主、三新、十特、百中心村（新社区）"空间布局，切实推进城市与乡村、市民与村民、工业与农业有机结合。通过改革创新，增加投入，城镇化与新农村建设步伐明显加快。2010 年，鄂州市城镇化率达60.1%，在全省排第二位；在全省率先实现村村通水泥公路，率先实行城乡供水一体化，农村"1+8"新社区服务体系基本形成。目前，在"一主、三新、十特、百中心村（新社区）"科学规划的引领下，鄂州市大力推进农民居住向中心村（新社区）集中、农村人口向城镇集中、土地向规模经营集中、工业向园区集中，城乡空间经济布局趋于合理。城市发展由一城带动向多城带动转变，逐步摆脱了对主城区的单纯依赖。主城区城市功能明显提升，成为鄂州市名副其实的经济、政治、文化中心；红莲湖新城、葛华新城、花湖新城依据经济流向、发展潜力科学规划与布局，成为鄂州市城乡经济协调发展的重要增长极；燕矶镇（中国金刚石刀具第一镇）、梁子镇（著名的水产品加工基地）等特色镇辐射带动能力明显增强，成为当地龙头企业连接农户及基地的桥梁、农民进城务工居住的载体；池湖新社区、路口新社区、东港新社区、峒山新社区、恒大新社区、六十村新社区等农村新社区产业特色明显，基础设施完善，功能齐全，环境优美，农民不出社区就能享受就业培训、文化娱乐、卫生医疗等公共服务，已经成为建设社会主义新农村的良好典型，在鄂州市城乡经济协调发展中发挥着良好的示范带动作用（湖北省市联合调研组，2010）。

3.1.3　城乡一体的产业体系为协调发展提供产业支撑

鄂州市按照城乡产业一体化要求，推动城乡产业协调互动发展，着力打造集群式发展的城乡一体化产业体系，这是鄂州市城乡经济协调发展的坚实物质基础。①在工业方面，鄂州市工业基础较好，通过构建"一带、六园、十节点"工业布局、实施"工业千亿元产业工程"、承接东部产业转移和对接武汉支柱产业，引进了顾地塑胶、世纪新峰、壳牌沥青等一批国内外知名企业，培育了鄂钢、鄂州电厂、武钢球团厂、鄂重、多佳等一批大中型骨干企业，形成了生物医药、电子信息、冶金、装备制造、建材、能源、纺织服装等近 40 个门类的工业体系。2008 年、2009 年新增 255 家规模以上工业企业，新增 5 万个就业岗位，使 3.2 万名农村劳动力实现就地转移，促进人均增收 2000 元以上。2009 年，鄂州市工业化率达 49%，居湖北省第一。鄂州市工业已逐步形成了特色产业集群化、新型产业高新化、传统产业规模化的发展格局，成为鄂州市城乡经济的"火车头"。②在农业方面，鄂州市农业具有典型的都市农业特征，农业生产条件较好，水产、蔬菜、林果、畜牧等产业优势明显。水产业资源丰富，辖区内水面面积占国土面积近三分之一，有大中小湖泊 133 处，水质良好，水体适合水产品的生产，有鱼类 175 种，其中武昌鱼、梁子湖螃蟹等名贵水产品久负盛名。蔬菜业特色明显，兴建了关山蔬菜科技园、杜山农业科技示范园等高新园区和太和昌伟生态农业、杨叶西流港蔬菜基地等蔬菜生态园，全市蔬菜播种面积占全市耕地面积 50% 以上，农民人均蔬菜收入占农产品收入的三分之一。林果业前景广阔，已经形成以葡萄、优质桃、胡柚、晚熟枣、黄金梨为主的经济林基地；以湿地松、杨树、泡桐、杉木为主的速生原料林基地；以彩叶树种、绿化苗为主的苗木花卉基地，使林果业的发展后劲较足。畜牧业发展较快，建有标准化万头猪场 6 个、千头猪场 141 个。其中樊湖 10 万头优质种猪生产基地是华中地区发展潜力大、良种密集度高、品种优的优质种猪供应基地之一，东港生猪标准化养殖示范园是鄂州市长港城乡一体化示范区内畜牧业新工艺、新品种、新技术、新模式的示范窗口，全市畜牧业产值占农业总产值比例为 30%。鄂州市加快农业结构战略性调整，培育壮大水产、蔬菜、林果、畜禽四大支柱产业，2009 年四大产业产值在全市农业总产值中占比 80% 以上；引导 72 家城区企业到农村兴办企业，推进农业产业化，形成了畜禽加工、水产加工等农业产业链，带动农户 10.2 万户。在服务业方面，鄂州市旅游、交通运输、金融、房地产等服务业总体发展势头良好。2008 年通过出台《促进服务业跨越发展的意见》，大力发展商贸、餐饮等生活性服务业，现代物流、金融保险等生产性服务业，旅游、文化等新兴服务业。尤其是以旅游业为龙头的现代服务业已粗具规模，实施大梁子湖运动休闲旅游区、百里长港生态旅游廊道、三国吴都旅游风光带等重大旅游工程，在沿湖、沿路、沿江开辟特色果园、花圃、菜园、鱼池等观光农园，农业多种功能得到初步开发。

3.1.4 企业主导的创新体系为协调发展提供技术支撑

鄂州市注重发挥科技在推进城乡经济协调发展中的支撑性作用，着力推进以企业为中心的技术创新体系，促进了城乡经济协调发展。通过推动技术创新及交流，促进了城乡产业结构的优化升级；通过发展高新技术产业及对传统产业进行技术改造，传统产业竞争力不断增强；通过开发应用绿色生态技术、低碳技术，城乡生产生活环境得到明显改善；通过实施城乡产业及民生科技专项，促进了城乡居民收入水平的不断增加。在鄂州市城乡经济总量构成中，市属3000多个城乡民营中小企业贡献份额与鄂钢、武钢球团厂、鄂州电厂等少数几个中央、省属大企业相当，促进城乡中小企业科学发展是鄂州市推进城乡经济协调发展的重中之重。鄂州市注重依靠技术创新推进城乡产业集群化发展，初步形成了生物医药、信息产品制造、金刚石刀具、非金属矿加工、水泵铸造五个城乡产业集群。2008年，五个产业集群集聚了400多家企业，占全市中小企业的11.6%；实现销售收入59.6亿元，占中小企业的18.3%；实现利税4.1亿元，占全市中小企业利税总额的19.1%；集群内从业人员2.6万人，占中小企业的14.9%。其中，葛店开发区"中国药谷"生物医药产业集群拥有武大弘元、科益药业、春天药业等20多家生物医药企业，其中经认定的省级以上高新技术企业10家，骨干企业8家。燕矶镇金刚石刀具产业集群经过近30年的发展，构建了产销研一体化网络，已经形成了较为健全的金刚石刀具产业链，集聚了中小金刚石刀具企业近200家，从业人员近万人，其中包括长江精工、金鄂、昌利等20多家规模经营企业，成为湖北省重点产业集群之一。

3.2 鄂州市城乡经济发展不协调的主要表现

城市经济与乡村经济发展不协调，是目前中国经济发展中存在的突出问题。作为中部地区发展中城市，鄂州市城乡经济发展不协调现象也十分明显，突出表现在城乡居民收入差距较大：1990年城乡居民收入比为1.72；1995年为2.16；

2000 年为 2.23；2005 年为 2.34；2008 年为 2.40。通过对鄂州市城乡经济系统的规模、结构、功能等多个方面进行深入分析，可以看出鄂州市城乡经济发展不协调主要表现在以下三个方面。

3.2.1 城乡居民人均收入不协调

首先，从纵向看城乡居民人均收入不协调。表 3-1 列出了 1989～2008 年鄂州市城镇居民人均可支配收入、农村居民人均纯收入以及城乡居民人均收入比的基本情况。

表 3-1 鄂州市城乡居民人均收入水平比较

年份	城镇居民人均可支配收入/元	农村居民人均纯收入/元	城乡居民人均收入比/倍
1989	1 126	658	1.71
1990	1 285	749	1.72
1991	1 418	823	1.72
1992	1 607	877	1.83
1993	2 070	1 046	1.98
1994	3 206	1 532	2.09
1995	3 510	1 624	2.16
1996	4 036	1 977	2.04
1997	4 313	2 277	1.89
1998	5 233	2 337	2.24
1999	5 330	2 429	2.19
2000	5 542	2 490	2.23
2001	5 889	2 591	2.27
2002	6 404	2 693	2.38
2003	6 910	2 833	2.44
2004	7 490	3 234	2.32
2005	8 187	3 495	2.34
2006	9 013	3 800	2.37
2007	10 827	4 393	2.46
2008	12 244	5 096	2.40

资料来源：根据《鄂州统计年鉴》（1989～2008 年）资料整理

从表 3-1 可以看出：①城乡居民人均收入比呈扩大趋势。总体来看，1989 年以来，鄂州市城乡居民收入比就开始逐渐增大，到 1995 年，鄂州市的城乡居民人均收入比为 2.16，1995 年以后的几年，城乡居民人均收入比呈现先缩小后增大之势，2003 年鄂州市的城乡居民人均收入比高 2.30，超过 1997 年 1.89 的水平，也远高于 1997 年世界城乡收入比 1.5 的水平。若考虑城镇居民享有的各种补贴、福利待遇和社会保障等隐性收入，以及农民还需要从纯收入中扣除各种不可能成为消费基金、应交的税费及用于再生产的部分，实际城乡居民收入比将会更大。②城乡居民人均收入差呈扩大趋势。改革开放 30 多年来，鄂州市农村居民人均收入都低于城镇居民人均可支配收入。从表 3-1 的数据分析，鄂州市城镇居民人均可支配收入由 1989 年的 1 126 元上升到 2008 年的 12 244 元，增加了 9.9 倍。而鄂州市农村居民人均纯收入分别从 1989 年的 658 元上升到 2008 年的 5 096 元，仅增加了 6.8 倍。可见，鄂州市农村居民人均纯收入的年平均增加额低于鄂州市城镇居民人均可支配收入年平均增加额。因而，随着鄂州市城乡经济的进一步发展，鄂州市的城乡居民收入差呈扩大之势，并没有因农村居民人均纯收入的增加而缩小，城乡居民收入差从 1989 年的 468 元，扩大到 2008 年的 7 147 元，扩大了 6 679 元。

其次，从横向看城乡居民人均收入不协调。为了进一步把握鄂州市城乡居民收入不协调性现状，我们将 2009 年鄂州市与苏州市、温州市、佛山市、湖北省、全国的城乡居民收入情况进行横向比较（表 3-2）。

表 3-2　2009 年城乡居民收入横向比较

项目	苏州	温州	佛山	湖北	全国	鄂州
城乡收入比/倍	2.02	2.77	2.30	2.85	3.33	2.34
城镇人均收入/元	26 320	28 021	24 578	14 367	17 175	13 408
农村人均收入/元	12 969	10 100	10 699	5 035	5 253	5 718

资料来源：根据 2009 年鄂州市、苏州市、温州市、佛山市、湖北省、国家统计局国民经济和社会发展统计公报资料整理

由表 3-2 可知，2009 年鄂州市农村人均收入分别为苏州市、温州市、佛山市、湖北省、全国的 44.1%、55.6%、53.4%、113.6%、108.9%，高于湖北

省、全国平均水平，与苏州市、温州市、佛山市有一定差距；城镇人均收入分别
为苏州市、温州市、佛山市、湖北省、全国的 50.9%、47.8%、54.6%、
93.3%、78.1%，低于湖北省、全国平均水平，与苏州市、温州市、佛山市有较
大差距；城乡收入比分别高于苏州市、温州市、佛山市、湖北省、全国的 0.32、
−0.43、0.04、−0.51、−0.99，好于湖北省、全国平均水平，与苏州市、佛山市
有一定差距。因此，目前鄂州市城乡居民收入状况有一定改善，但仍处于低水平
协调发展状态，与苏州市、温州市、佛山市等发达地区相比，鄂州市城乡居民收
入不协调性问题还比较突出。

3.2.2　城乡居民生活水平不协调

首先，从人均消费支出水平看城乡居民生活水平不协调。表 3-3 列出了鄂州
市 2001~2008 年城乡居民人均消费支出水平情况。

表 3-3　鄂州市城乡居民人均消费支出水平比较

年份	城镇居民人均消费水平/元	农村居民人均消费/元	城乡居民人均消费绝对差/元	城乡居民人均消费比/倍
2001	4 870	2 057	2 813	2.4
2002	5 486	2 009	4 477	2.7
2003	5 490	2 488	3 002	2.2
2004	5 846	2 540	3 306	2.3
2005	6 629	2 804	3 825	2.4
2006	6 985	3 052	3 933	2.3
2007	8 244	3 165	5 079	2.6
2008	9 188	3 323	5 865	2.8

资料来源：根据《鄂州统计年鉴》（2001~2008 年）资料整理

从表 3-3 可以看出，2001~2008 年鄂州市城乡居民人均消费支出比居高不下
且呈波动变化，2003 年最低也达到 2.2，2008 年最高达到 2.8。而且城镇居民的
人均消费支出的绝对数由 2001 年的 4870 元上升到 2008 年的 9188 元，农村居民
的人均消费水平只由 2057 元上升到 3323 元。从支出的绝对数差来看，由 2001
年相差 2813 元上升到 2008 年 5865 元，城乡绝对数差增大了 3052 元。农村居民

消费水平一直低于城镇居民的消费水平，一定程度上也反映了农村居民因收入低而导致消费的艰难。

其次，从人均消费支出结构看城乡居民生活水平不协调。表3-4 列出了鄂州市 2008 年城乡居民人均消费支出结构情况。

表 3-4　2008 年鄂州市城乡居民人均生活消费结构比较

项目	城镇/%	农村/%	城乡比/倍
食品	39.3	50.4	0.78
衣着	11.7	6.4	1.83
居住	6.1	8.3	0.74
家庭设备及服务	6.1	5.1	1.20
交通和通信	8.8	15.6	0.56
文教、娱乐及服务	12.7	8.1	1.57
医疗保健	4.1	3.4	1.21
其他商品及服务	11.2	2.7	4.15

资料来源：根据《鄂州统计年鉴》（2008 年）资料整理

从表 3-4 中可以看出，2008 年鄂州市城镇居民消费结构中生存型、物质型消费与享受型、精神型消费几乎各占一半，呈现并重型结构。而农村居民消费结构中食品等生存型、物质型消费占比较大，但是文教娱乐等享受型、精神型消费占比不高。这反映出城乡居民人均生活消费支出结构明显不协调。

再次，从城乡居民家庭主要物品拥有量看城乡居民生活水平不协调。通过考察城乡家庭对代表当代生活水平的主要物品的拥有量，可以更直观地反映城乡居民生活水平上存在的不协调性。表 3-5 列出了鄂州市 2008 年城乡居民家庭主要耐用品拥有量基本情况。

表 3-5　2008 年鄂州市城乡居民家庭主要物品拥有量

品名	单位	城镇家庭拥有量/每百户	农村家庭拥有量/每百户	城乡家庭拥有量比/倍
洗衣机	台	94	55	1.71
电冰箱	台	98	68	1.69
空调机	台	112	27	4.15

续表

品名	单位	城镇家庭拥有量/每百户	农村家庭拥有量/每百户	城乡家庭拥有量比/倍
微波炉	台	45	18	2.50
热水器	台	94	48	1.96
摩托车	辆	24	28	0.86
汽车	辆	4	2	2.00
移动电话机	部	145	118	1.23
彩色电视机	台	133	114	1.17
摄像机	架	7	1	7.00
照相机	架	22	8	2.75
计算机	台	46	21	2.19

资料来源：根据《鄂州统计年鉴》（2008年）资料整理

由表3-5可知，代表当代生活用品的摄像机、空调机、微波炉及计算机，城镇家庭的拥有量是农村家庭拥有量的7.00、4.15、2.50和2.19倍，城镇居民的现代生活水平明显高于农村家庭。农村家庭除了摩托车的拥有量多于城镇家庭外，其他物品的拥有量都少于城镇家庭的拥有量。而农村家庭摩托车的拥有量多于城镇家庭主要是因为农民在就近的城镇打工，早出晚归，主要交通工具是摩托车。作者观察到，每天下午五、六点钟，在鄂州市、武汉市、黄石城区半小时交通圈内，大批在城里打工的鄂州市农民工下班骑摩托车回家，其情景蔚为壮观。

最后，从恩格尔系数看城乡居民生活水平不协调。表3-6列出了鄂州市2001～2008年城乡居民恩格尔系数的基本情况。

表3-6 鄂州市城乡居民恩格尔系数比较

年份	城镇居民恩格尔系数/%	农村居民恩格尔系数/%	城乡居民恩格尔系数比
2001	33.72	49.78	0.68
2002	37.93	46.74	0.81
2003	38.79	49.31	0.79
2004	38.98	49.90	0.78
2005	38.48	45.17	0.85
2006	39.14	44.83	0.87
2007	39.61	48.52	0.82
2008	39.31	50.43	0.78

资料来源：根据《鄂州统计年鉴》（2001～2008年）资料整理

从表3-6可以看出，2001～2008年鄂州市城镇居民的恩格尔系数为0.33～0.40，达到了生活富裕的水平。农村居民恩格尔系数一直为0.44～0.51，基本上处于小康水平。而城乡居民恩格尔系数比为0.68～0.87，波动性较大。这反映出鄂州市城乡居民生活水平存在明显的不协调性。

3.2.3 城乡居民人均储蓄不协调

储蓄水平是财富积累水平的标志，代表着未来的消费能力和发展潜力。表3-7列出了2000～2008年鄂州市城乡居民人均储蓄情况。

表 3-7 鄂州市城乡居民人均储蓄水平比较

年份	2000	2001	2002	2003	2004	2005	2006	2007	2008
城镇/元	5 458	6 514	8 020	9 455	10 257	11 665	11 927	11 608	13 449
农村/元	1 989	1 912	1 297	1 578	1 788	1 346	1 986	2 667	2 839
城乡差/元	3 469	4 602	6 723	7 877	8 469	10 319	9 941	8 941	10 610
城乡比	2.74	3.41	6.18	5.99	5.74	8.67	6.00	4.35	4.74

资料来源：根据《鄂州统计年鉴》（2000～2008年）资料整理

从表3-7可以看出，鄂州市城乡居民人均储蓄存款年末余额差呈逐年上升的趋势。从2000年到2008年，城乡人均储蓄差从3 469元扩大到10 610元；城乡人均储蓄比2000年是2.74，2008年是4.74；2008年农村人均储蓄只是相当于城镇的21%，这说明鄂州市城乡居民财富差距较大。

我们将2009年鄂州市与苏州市、温州市、佛山市、湖北省、全国的城乡人均储蓄水平情况进行横向比较（表3-8），可以看出，2009年鄂州市人均城乡居民储蓄分别比苏州市、温州市、佛山市、湖北省、全国少51 178、22 334、96 051、3119、8578元，分别仅为苏州市、温州市、佛山市、湖北省、全国的18.0%、33.5%、10.5%、78.3%、56.8%，低于湖北省、全国平均水平，与苏州市、温州市、佛山市有较大差距。这说明鄂州市城乡居民不仅财富差距较大，而且还处于较低财富水平状态。

表 3-8 城乡人均储蓄水平横向比较

项目	苏州市	温州市	佛山市	湖北省	全国	鄂州
人均城乡居民储蓄/元	62 436	33 592	107 309	14 377	19 836	11 258

资料来源：根据 2009 年鄂州市、苏州市、温州市、佛山市、湖北省、国家统计局国民经济和社会发展统计公报资料整理

3.3 鄂州市城乡经济发展不协调的成因分析

一般而言，城乡经济协调发展既受内部资源条件、发展水平因素的影响，也受外部制度、环境因素的影响，主要有以下四个方面。

一是资源禀赋对城乡经济协调发展的影响。发挥城乡资源比较优势，有利于城乡经济协调发展。一般而言，人均土地面积大的地区，城乡空间布局相对分散，城乡生产力发展相对不平衡，城乡经济协调发展难度相对大些；反之，城乡经济协调发展难度相对小些。自然资源、地理区位、交通资源优势明显有利于城乡经济协调发展，但随着科技进步和信息化、机动化时代的到来，自然资源、地理、交通因素影响逐渐减小（仇保兴，2008）。

二是工业化、城镇化、农业现代化对城乡经济协调发展的影响。工业化有利于扩大就业容量，吸纳农村剩余劳动力，增加农民非农收入。城镇化有利于增强城镇聚集与辐射功能，为工业化、农业现代化创造条件。在任何社会农业与工业总存在一种协调的依存关系，农业不可轻视，必须保持城乡产业协调发展。根据克拉克法则，一般来说，在工业化初期，第一产业占重要地位，城乡经济协调发展模式以城市偏向型为主，有利于加快城市工业化进程；在工业化中期，第二产业占主体地位，发展模式以农村偏向型为主，有利于加快农村工业化、城镇化进程；工业化后期，第三产业得到迅速发展，发展模式以城乡均衡型为主，有利于促进城乡经济协调发展（王梦奎，2004；张培刚，2002）。

三是资本、技术等要素投入对城乡经济协调发展的影响。资本的趋利性决定了其在城乡之间进行配置时具有明显的城市偏向，因而往往导致农业资金投入不

足，进而导致农业生产效益低，而农业生产的低效益又会使农业资本投入环境进一步恶化。技术的定向性决定了城乡技术流动的不平等性，一般来说，城市经济拥有先进技术，在城乡技术转移中处于主导地位，而缺乏先进、适用技术的农村经济往往存在对城市经济的技术依赖性（陈明生，2007）。

四是环境因素对城乡经济协调发展的影响。城乡经济协调发展难以摆脱经济体制的影响。计划经济体制往往会使城乡经济协调发展受到制约，而市场经济体制的建立则有利于发挥市场在城乡资源配置中的基础性作用。历史上形成的城乡二元经济体制，是城乡居民收入拉大的深层原因。城乡二元户籍、科技、教育、就业、医疗制度等把城市与农村分割为两大系统，从根本上造成了城乡居民在政治、经济、社会等方面的不平等，强化了城乡经济发展的不协调性。此外，外部环境也影响着城乡经济协调发展模式的选择。一定的内外政治、经济、社会、文化环境，要求一定的城乡经济协调发展模式与之相适应（厉以宁，2008）。

从鄂州市来看，城乡经济发展过程中存在不协调问题是长期以来受多种因素影响逐步形成的，既有现实的制约因素，又有历史的原因。下面对其主要成因进行具体分析。

3.3.1　农民增收难度大

3.3.1.1　农民收入现状

改革开放以来，鄂州市农民人均收入从 1978 年的 113 元，提高到 2008 年的 5096 元，增长了 44.1 倍，年均递增超过 13.5%。特别是 2004 年以来，在中央一系列强农惠农政策激励下，鄂州市农民人均收入持续增长，连续 5 年增幅超过 11%，2008 年，农民人均收入比上年增长 16%。表 3-9 列出了 2004～2008 年鄂州市农民家庭人均各项收入占比情况。从表 3-9 可以看出，鄂州市农民人均收入构成具有以下特点：一是鄂州市农民收入主要靠家庭经营收入及工资性收入支撑，而转移性收入及财产性收入贡献较小。在 2004～2008 年鄂州市农民家庭人均各项收入中，家庭经营收入占比最大，占 67.5%～70.5%；工资性收入占比第二，占 25.6%～28.9%；转移性收入占比较小，占 2.1%～4.0%；财产性收入占比最小，仅占1.1%～2.3%，且呈逐年下降趋势。二是鄂州市农民家庭人均各项收入构成中，家庭经营收入占比高于全国水平（2007年为53.0%）；工资性收入占比（2007年全国为38.6%）、转移性收入占比（2007年全国为5.4%）、财产性收入占比（2007年全国为3.1%）均低于全国水平。

表3-9 鄂州市农民家庭人均各项收入占比情况

年份	2004	2005	2006	2007	2008
工资性收入占比/%	25.7	25.6	28.3	28.9	27.1
家庭经营收入占比/%	68.0	70.5	68.3	67.5	69.7
财产性收入占比/%	2.3	1.6	1.3	1.2	1.1
转移性收入占比/%	4.0	2.3	2.1	2.4	2.1

资料来源：根据《鄂州统计年鉴》（2004～2008年）资料整理

3.3.1.2 影响农民增收的主要因素

厉以宁认为，城乡收入差距扩大的主要原因是在创造财富的三种资本（人力资本、物质资本、社会资本）中，任何一种资本都是城市占优势，农村居于劣势。人力资本由体现在人身上的技术水平、知识、智慧、经验所构成；物质资本是货币投入以后转化成的厂房、设备、原材料等；社会资本是一种无形的资本，是人际关系、人的信誉，如家庭关系、家族关系、同乡关系等。我们认为，结合鄂州市实际情况，影响农民增收的因素主要体现在以下五个方面：

1. 增收渠道不畅

首先，工资性收入增长受多方约束。工资性收入是近几年鄂州市农民收入增长中成长最好最快的方面，农民的工资性收入在其收入中占到25%以上。目前，从全国整体情况看，虽然"刘易斯拐点"已经到来，但是劳动力供给优势还将长期保持（蔡昉，2003）。而且随着工业化发展逐步从劳动密集型向资本密集型及技术密集型产业发展，现代产业对劳动力的吸纳能力越来越低，同时农村中还有大量农村劳动力需要向非农产业转移，使在劳动力市场上劳动力供大于求的局面还将长期存在。因此，劳动力价格难以提高，靠工资性收入增收还很困难。

其次，家庭经营性收入增长困难。近几年来，家庭经营收入一直是鄂州市农民收入的主要来源，占到农民收入的67%以上。目前，家庭经营性收入增长困难，一是由于家庭经营规模小而分散，既无法形成规模效益，又无法形成较强的市场竞争力。二是由于受到生理规律的限制，人们对农产品的数量需求不会随着收入的增加而增加，需求收入弹性小，致使提价增收空间有限。三是由于国际上规模化低成本生产的农产品对农产品提价及农民增产增收有制约作用。在完全竞争的市场上，供求关系决定价格，人为提价将造成市场价格扭曲及供给过剩，进而降低市场价格。当前，农民依靠务农增收的形势之所以趋于严峻，与国内粮食、生猪、棉花等主要农产品价格下行压力密切相关。

再次，家庭财产性收入长期低位徘徊。家庭财产性收入为家庭拥有的不动产（如房屋、土地、车辆等）及动产（如银行存款、有价证券等）所获得的收入，包括利息、租金、财产增值收益等（涂圣伟，2010）。发达国家或地区的经验表明，当人均GDP突破2000美元后，财产性收入会逐渐成为居民新的重要收入来源。目前，鄂州市财产性收入在农民收入中的比重在2%左右低位徘徊，农村居民财产性收入增长困难。一是农民收入水平偏低，在扣除各种必要的消费支出后，净剩余很少，从而制约了自主性财产购置与管理；二是在现行农地制度下，农民宅基地不能流转，家庭承包地和宅基地的使用权不能抵押，资产价值无法得到有效发挥；三是农村金融市场发展滞后，一般农村居民没有接受过投资理财的专业培训，金融理财知识不足，一旦有了结余收入，往往选择储蓄、购买国债等方式理财，或用于民间借贷、建房和博彩；四是由于社会保障体系不健全及自然灾害、市场波动等风险，农民往往通过预防性储蓄和手持现金来防范和化解风险。

最后，转移性收入长期较低。农村居民的转移性收入主要来自财政补贴，这部分收入相对不高。2006年、2007年、2008年鄂州市农村居民转移性收入占总收入的比重分别为2.1%、2.4%和2.1%，工业反哺农业提了多年，农村居民的转移性收入占总收入的比重还不足3%，与发达国家或地区相比差距较大。许多发达国家或地区农民在工业化中后期获得的政府补贴占收入的比重较高，有的国家甚至超过50%。尽管近年来经济合作与发展组织成员国对农民的政府补贴趋于下降，但是 2007 年经济合作与发展组织成员国政府补贴在农民收入中的占比仍然达到 23%（黄国桢，2011）。

2. 农业资源投入有限

首先，资金投入有限。鄂州市虽然对农业固定资产投资的绝对数额在逐年增加，但农业投资在全社会总投资额中的占比较小，且呈逐年下降趋势。如表 3-10 所示，2005～2009 年，鄂州市对第一产业（以农业为主）的固定资产投资额的年总量由 3.4 亿元逐年增加到 4.8 亿元，但第一产业的投资额在总投资额中的占比却由 6.2% 逐年下降到 2.3%。鄂州市对第一产业（以农业为主）的固定资产投资的比例过小，将会对全市农村经济发展产生制约作用，使农村经济发展因投资不足而陷入困境，从而进一步扩大城乡经济发展差距。

表 3-10　鄂州市按三次产业划分的固定资产投资情况

年份	第一产业/亿元	第一产业/%	第二产业/%	第三产业/%
2005	3.4	6.2	53.8	40.0
2006	3.8	5.3	52.1	42.6
2007	4.0	3.8	58.5	44.1
2008	4.2	2.8	62.3	34.9
2009	4.8	2.3	66.2	31.5

数据来源：根据《鄂州统计年鉴》（2005～2009 年）资料整理

其次，农业土地、农业设施条件、农业技术有限。由表 3-11 可知：从农业土地看，1990 年鄂州市人均耕地 0.73 亩①，1995 年降至 0.61 亩，2000 年为 0.59 亩，2007 年降至 0.58 亩，说明随着工业化、城镇化进程的加快，鄂州市人均拥有耕地面积在逐步减少。从农业基础设施看，1990～2007 年，农业排灌条件虽有一定改善，但水平不高，1990 年鄂州市耕地中有效灌溉耕地占比是 56.5%，到 17 年以后的 2007 年也仅有 64.4%。从农业科技进步看，1990～2007 年，鄂州市农业机械总动力由 1990 年的 26 964 万千瓦时增长到 2007 年的 42 286

---

① 1 亩≈666.7 平方米

万千瓦时，年均增长仅为3.3%；使用化肥的增长幅度不大，反映出化肥在提高农产品单产方面的作用有限；从1995年到2007年农村用电、农用汽车的使用量也是呈现缓慢上升的趋势。这说明鄂州市农业机械化、电气化步伐较慢，科技进步在农业经济中的作用有待加强。

表 3-11 鄂州市农业生产条件

年份	人均耕地/亩	有效灌溉面积比/%	农业机器总动力/万瓦特	化肥使用量/吨	农村用电/(万千瓦/小时)	农用汽车/辆
1990	0.73	56.5	26 964	97 543	13 026	360
1995	0.61	54.8	28 708	190 150	22 265	1042
2000	0.59	56.6	32 838	177 130	25 520	982
2005	0.60	63.0	40 940	113 561	27 289	970
2007	0.58	64.4	42 286	119 857	24 173	1 080

资料来源：《鄂州改革开放三十年（1978~2008年）》

3. 资源禀赋不优

资源禀赋理论认为，在一定的社会经济环境条件下，生产者占有资源的多少决定着生产收入的高低（王雅鹏，2001）。城乡经济协调发展进程中能给农民带来收入的资源主要是土地及劳动力。就土地而言，鄂州市土地具有资源稀缺性等特点，土地资源量少，人均耕地0.58亩（2007年），且具有耕种边缘性、价格外溢性、生态脆弱性，同时属大陆季风区，经营农业常常遭受旱涝灾害，农业生产风险较大；现有的土地制度不完善，土地所有权与使用权分离，土地没有资产价值，农民无法用其抵押取得收入而进行新增投入；土地按人平分，非农化占用频繁，土地集中与流转困难，无法产生规模效益。就劳动力而言，鄂州市虽然农村劳动力资源充足，但由于在非农产业就业呈竞争性供给，同时长期受到排斥，其务工收入水平必然较低。

4. 产业空洞明显

产业空洞学说认为，劳动者一般通过从事某一产业的劳动而获得收入，其收入水平的高低既取决于其所从事的产业的发展水平、完整性、发育程度和内外环境条件，也取决于其劳动质量及劳动效果（王雅鹏和郭犹焕，2001）。对主要生活在农村的农民来说，农业是其从事的主要产业。在长期的经济社会发育过程中农业这个古老的产业往往被分解为第二、第三产业，且分别属于工人、商人从事的主要产业，农民只在农业产业的中间环节获得产业利益，因而形成了明显的缺位性的产业利益空洞。例如，调整农业产业结构，在旧产业消亡、新产业成长过程中，农民往往会因出现产业利益空洞而无法增加收入。推进农业产业化，延伸加粗农业产业链，弥补产业空洞，使农业资源优势转化为经济财富，是增强农业整体实力、增加农民收入的重要途径。在国外，一般农业利润的70%～80%来自深加工及流通服务业；在国内，农产品加工值与农产品值的比值，广东、山东、江苏已达2.00～3.00，浙江甚至高达4.00（李崇光等，1998），而鄂州市农产品加工值与农产品值的比值，一直以来低于1.00，未能使农民通过进入加工业及流通环节，有效地将农产品资源优势转化为经济效益，进而转化为农民收入。因此，产业空洞的出现不仅使鄂州市农民无法分享第二、第三产业剩余的机会，而且使农民收入对农产品供求形势及价格的依赖程度增强，从而使农民增收受到了很大的制约。

5. 人力资本投入不足

人力资本理论认为，劳动力资源是国民财富的基石，在经济再生产过程中，最有价值的投入是对人本身的投资；在经济活动中，对人力资本投资、对智力投资比对物质资本投资风险更小、效益更显著。然而，长期以来鄂州市对人力资本投入不足，尤其是对农民的人力资本投入不足，影响农民收入。与农民最接近的基础教育与职业技术教育投入严重不足，使农村教育事业落后，农村劳动力整体素质低。2007年，鄂州市农村劳动力中小学文化程度以下的占28%，初中文化程度的占51%，高中文化程度以上的仅占21%，而在这些劳动力中，接受过各种技能培训的只有12.5%。因此，鄂州市农村劳动力在竞争性就业中往往不占优势，劳动报酬低。与此同时，一些有知识有文化的青年农民纷纷去非农产业就业，也进一步影响了农业科技进步及农民增收。

3.3.2　城乡产业结构失调

城乡产业协调发展是城市产业与乡村产业相互联系、相互促进、互动共赢的演化过程。这个过程具有以下基本特征：一是独立性与链接性相统一。城市产业与乡村产业作为不同的产业主体，具有相对独立性。没有城市产业或者乡村产业的发展，城乡经济协调发展就无从谈起。同时，虽然城市产业与乡村产业往往分布在城市、农村两个区域和第一、第二、第三产业三个产业空间，但城乡产业可以以城乡产业链的形式互相链接，并形成城乡产业协调发展的局面。例如，贸工农产业链（龚勤林，2004）就是一种典型的城乡产业链。贸工农产业链沟通城乡两个地域、链接三次产业，融合研究开发于一体，能够较好地整合城乡产业资源，打破城乡各自封闭的两套体系独立运行的局面，同时，能够整合三次产业经济活动并沟通其内在经济联系。从空间上看，在乡村—城市这两个地域板块上合理地布局农业—加工业—流通贸易业三大产业，形成贸工农产业链，这有利于面向城市需求和了解市场需求并引导乡村产业发展，有利于通过尽力修补、接通、延伸产业链条，在城乡之间开发若干新产业部门并逐步成长为新的经济增长点，从而促进城乡经济协调发展。二是差异性与转移性相统一。城市产业与乡村产业因受不同的地理位置、自然条件和自然资源、人口、社会经济、科学技术等因素影响，往往具有一定的差异。同时，由于城市产业与乡村产业相比往往具有资金、知识、技术等方面的优势，一些在城市处于比较劣势的产业在竞争的作用下，会向农村地区转移生产要素以寻找更优布局区位，成为乡村产业。这种城乡产业转移是城乡产业协调发展的重要原因及动力（陈明生，2007）。三是稳定性与动态性的统一。从短期看，城市产业与乡村产业均表现出相对稳定性，各自的性质不发生根本性变化。但从长期看，城乡产业关系会发生结构性变化，呈现出动态性、层次性演变过程。而这个过程是城乡产业不断扩大规模、拉升产业复杂性、提升技术知识水平、提高自组织能力、不断递进城乡产业协调层次和优化城乡产业结构的过程（任迎伟和胡国平，2008）。

从三次产业比例看，鄂州市产业结构具有典型的二元经济特征。由表 3-12 可知，尽管近年来鄂州产业结构调整成效显著，但推动城乡产业升级的新型产业还不成熟，与城乡经济协调发展的要求还有较大差距。2009 年，鄂州市（14.0：57.1：28.9）与苏州市（1.8：58.8：39.4）、温州市（3.2：52.0：44.8）、佛山市（2.0：62.9：35.1）、湖北省（14.9：46.1：39.0）、全国（10.6：46.8：42.6）产业结构相比较，鄂州第三产业比例明显偏低，而第二产业的比例偏高。鄂州第三产业仍以传统的交通运输、商贸餐饮、金融保险业为主，而研发设计、服务外包、计算机服务、软件、信息传输等新兴产业还处于起步阶段，现代金融业、现代物流业等服务业发展缓慢，这不利于第三产业优化城乡产业结构、吸纳转移农村剩余劳动力进而优化城乡就业结构等功能的发挥。

从轻重工业比例看，鄂州市工业结构具有偏重型特征。由表 3-12 可知，2005 年以来鄂州市重工业产值占工业产值比例高于 80%，这是由于 1950 年以来，鄂州市长期优先发展城市冶金、机械、建材等重工业，从而使重工业得到快速发展。鄂州市重工业具有资源、资金、技术密集等特点，产业链条短，配套产业发展慢，深加工能力低，就业容量小，因而不利于有效转移农村剩余劳动力和城镇化发展；而轻工业中深加工支农企业少，多是初级加工企业。这种工业布局不仅造成城乡工业增长乏力，而且也使工业对农业的反哺作用无法得到有效发挥。

表 3-12　鄂州市轻重工业和三次产业比例关系

年份	轻、重工业比例/%	第一、第二、第三产业比例/%
2005	18.6：81.4	16.1：47.4：36.5
2006	15.6：84.4	14.9：50.2：34.9
2007	13.0：87.0	15.3：51.9：32.8
2008	13.3：86.7	15.4：54.9：29.7
2009	14.9：85.1	14.0：57.1：28.9

资料来源：根据《鄂州统计年鉴》（2005～2009 年）资料整理

从二元经济结构强度看，鄂州市工农业发展具有典型的发展中特征。判断一个区域城乡工农业是否协调发展的一个常用办法是测算其二元经济结构强度。二元经济结构强度指农业与非农产业之间的相对国民收入差距（林善浪和张国，

2003)。相对国民收入又称比较劳动生产率，指一个部门产值在总产值中占比与该部门劳动力在总劳动力中占比的比率。它可以反映出百分之一的劳动力在该部门创造的收入比例情况，因而可以作为二元经济度量的一种方式。若一个部门的相对收入比例越高，而劳动相对比例越低，则比较劳动生产率越高；若经济中两部门的比较劳动生产率的相差越大，则二元性越强。一般来说，发展中国家二元经济结构强度值为 2.22~3.23，发达国家为 1.16~1.92（黄坤明，2009）。由表 3-13 可知，2000~2007 年，鄂州市二元经济结构强度值（非农业比较劳动生产率与农业比较劳动生产率之比）为 2.60~3.80，属于典型的发展中国家水平，与发达国家有较大差距，说明鄂州市城乡工农业发展还不协调，农村居民收入相对于城镇居民收入还较低。

表 3-13 鄂州市二元经济结构强度

年份	城乡居民人均收入比	农业产值比例/%	农业就业比例/%	农业比较劳动生产率	非农比较劳动生产率	非农业与农业比较劳动生产率比
2000	2.23	16.9	43.2	0.391	1.463	3.74
2001	2.27	16.8	42.0	0.400	1.435	3.59
2002	2.38	17.7	39.9	0.444	1.370	3.09
2003	2.44	17.6	36.3	0.485	1.294	2.67
2004	2.32	17.1	35.1	0.487	1.277	2.62
2005	2.34	16.1	34.5	0.467	1.291	2.76
2006	2.37	14.9	37.1	0.402	1.353	3.37
2007	2.46	15.3	34.7	0.441	1.297	2.93

资料来源：根据《鄂州统计年鉴》（2000~2008 年）资料整理

3.3.3 城乡产业集群缺乏技术支撑

3.3.3.1 主要问题

鄂州市城乡产业集群建设已取得了一定的成效，但仍处于起步发展时期。存在的主要问题有两个。

一是数量少、规模小、结构不优。2008 年，5 个产业集群平均实现销售收入

11.9 亿元，规模企业只有 82 家，占集群企业的 20.5%，规模企业平均实现销售收入 3970 余万元，生物医药企业年产值过 1 亿元的只有 2 家，金刚石刀具企业销售收入过 3000 万元的仅 12 家，特别是高新技术企业规模偏小，抵御市场风险能力较弱，对工业增长及经济发展的支撑力还较弱。同时，城乡三次产业集群发展存在结构性失衡及缺陷，农业及服务业产业集群发展缓慢，而工业产业集群发展较快，城乡产业链中存在产业"断环"，产业链发育不完整。这与沿海先进地区相比差距较大。例如，在广东省佛山市，以专业镇为分工的产业集群规模较大，乐从和龙江的家具产业集群，从原材料采购到生产销售，形成了完备的分工合作网络及完整的产业链，促成了家具制造、工具制造、商贸流通、涂料化工、五金配件等五个支柱产业的崛起。在那里不论是几十吨的木工机械还是几毫米的螺丝钉都可以随时从市场获得，创业的成本及风险被大大降低（佛山经济贸易局，2005）。斯密（1776）在《国民财富的性质和原因的研究》中通过列举制造针的例子说明了专业化分工的好处。经过分工，整个制针程序"分为 18 个阶段，每一个阶段都雇佣技艺熟练的好手……我曾看到一家很小的工厂中，一个厂只雇佣 10 个工人，但每天可以生产 48 000 根针"。若不进行分工，恐怕每个工人 1 天生产 1 根针也很困难。这充分显示了产业专业化、集群化发展的重要性。马歇尔（1920）在《经济学原理》中分析了大量专业化对中小企业地域集中及发展的重要性。在产业集群内部，大量专业化企业集聚在一地，可使区域实现规模生产。同时，产业集群又会创造更大的市场需求空间，从而促进对专业化更强、分工更细的产品及服务的潜在需求量的增加。

二是企业技术创新能力不高。鄂州市城乡企业整体技术创新能力差，企业开发及创新能力不足，尤其是核心技术短缺，自主知识产权的技术难以突破，关键技术常常受制于人。冶金铸造、金属矿加工等产业主要依托小城镇或农村发展而成，进入壁垒低，技术含量不高。这些产业往往以家庭、个体企业为主，起点低、规模小，在技术、人才等方面实力不足。专利授权量历来是衡量技术创新能力的重要指标，根据 2009 年佛山市、苏州市、温州市、鄂州市四市国民经济和社会发展统计公报有关数据计算，鄂州市万人年均专利授权量分别仅为佛山市、苏州市、温州市的 13.4%、13.5%、59.1%，这说明鄂州市与发达地区在技术创新能力方面的差距十分明显。

3.3.3.2 成因分析

产生上述问题的主要原因既有制度、政策等环境因素的影响，也有经济、技术等内在因素的影响。

1）城乡二元科技制度固化。受城乡二元体制的影响，鄂州市二元科技制度明显制约着基于城乡产业集群的区域创新体系的形成。例如，在科技资源投入方面，目前鄂州市农业项目所占的比重虽然有所上升，但相对于城乡产业集群发展对农业科技的需求而言明显不够，涉农科技经费占比过低，城乡、工农之间存在较大的不协调问题。在科技公共服务体系建设方面，目前鄂州市的科技服务体系还较为落后，还存在机制不灵活、运行不顺畅、体系不健全、绩效不明显等问题。现有的技术创新服务体系的服务机构主要集中在城区，服务对象主要是在城区注册登记的各类高新技术企业，服务宗旨主要是促进工业领域的高新技术开发与转化，因而在一定程度上忽视了对农村、农业技术创新活动的服务。在科技管理、科技法规等方面也存在与城乡产业集群化发展的要求不适应的问题。

2）城乡技术流动政策供给不足。目前，鄂州市的城乡技术流动方面的投资、财政、税收、金融等方面政策还不完善，特别是技术流动激励体系还不够健全，激励结构还不尽合理。这就使得技术流动活动在城乡之间难以进行，城乡产业集群中企业创新能力难以提高。

3）城乡产业集群内各组织间创新合作欠缺。鄂州市城乡产业集群中企业创新能力不足的一个很重要的原因是集群中创新合作不够，主要表现在两个方面：一是集群中创新供给与需求的对接不畅。鄂州市虽位于武汉城市圈和武汉"智密区""双核心区"，拥有丰富的科技资源优势，但其很多企业尚未真正成为创新主体，对新技术需求动力不足。因此，对科技需求的欠缺导致了鄂州市科技资源优势的"虚高化"。二是集群内企业间的生产本地配套率较低，缺乏协作意识，合作研发更是少见。

4）城乡产业集群中创新网络链接不力。集群创新结构体系实质上是指一个特定区域中的创新网络链接系统，其中各个行为主体都被看做是网络的结点，无论哪个结点不力乃至缺位，都将造成"短板"效应。鄂州市城乡产业集群中，创新网络链接的薄弱环节主要是以资金、技术有效供给呈现的供应链及以软环境呈现的支撑链，其严重制约了科技与经济的有效结合。尤其是科技创新公共平台建设滞后、科技创新服务力度不足、政策创新不够及环境营造的系统性不够等问题，已成为制约鄂州市城乡产业集群发展的重要因素。

3.3.4 "黑色"发展后劲不足

自然是人类生存之基、发展之本。历史上，人与自然的关系经历了一个漫长的演变过程，经历了从前工业化阶段到工业化阶段再到后工业化阶段，先后形成了灰色发展模式、黑色发展模式、绿色发展模式三种发展模式（胡鞍钢，2010）。在灰色发展模式阶段，人对自然的认识是模糊、神秘的，人在自然面前往往无能为力，人是自然的奴隶，一切活动都受到自然的控制。在黑色发展模式阶段，人类进入工业化黄金时期，人类试图成为自然界的主宰，无节制地向自然界索取，发展思路上奉行"先污染、后治理"，经济增长上追求"高消耗、高排放、高产量"，导致城市与农村、工业与农业、人与自然之间差距不断扩大，资源环境与发展矛盾日益凸显。美国等西方传统现代化国家是典型代表。在绿色发展模式阶段，人类进入后工业化时期，人与自然和谐，人类成为自然的朋友，城乡自然生态系统与经济系统之间形成良性循环的关系。城乡居民对健康、绿色的需求与日俱增，出现了绿色工厂、绿色产品、绿色服务、绿色市场等，即以人为中心，围绕提高城乡居民的生活质量和水平，形成了新产业、新市场。这种情形的出现使资源短缺、生态脆弱的发展中国家或地区，有可能实现传统城乡经济发展模式的重大转变。因此，联合国的报告提出，中国等发展中国家不必走西方发达国家的老路，可以根据本国实际情况直接进入到绿色发展阶段。

绿色发展模式存在浅绿色发展模式与深绿色发展模式之别，只有深绿色发展模式才体现生态文明的真正内涵（诸大建，2010）。浅绿色发展模式是就环境论环境，较少研究城市-工业文明的经济增长模式会带来哪些根本性的问题，结果是对传统城市-工业文明的修补与改良；深绿色发展模式则洞察到资源、环境问题的根源在于城市-工业文明发展模式之中，要求从制度上防止资源、环境问题的发生，因而它更崇尚工业文明的创新与变革。

作者认为，绿色发展模式是一切资源节约、环境友好的经济发展战略、制度、政策的总称。从本质上看，绿色经济、循环经济、低碳经济都是符合生态文明理念的绿色发展模式，可以看做是实现绿色发展模式的有效途径。从绿色发展模式的目标看，绿色发展模式具有两个显著特征：一是经济生产力与生态生产力相协调发展；二是经济效益与生态效益相统一。推进绿色发展，就是要以"生态化"引导制度创新，从制度上有效解决市场经济发展中外部不经济问题，以最小的生态代价换取最大的经济发展。

从鄂州市看，传统黑色发展模式是城乡经济发展不协调的重要原因。改革开放以来，虽然鄂州市城乡经济发展取得了巨大成就，但是支撑城乡经济发展的是钢铁、水泥等"黑色"产业，传统的黑色发展模式使鄂州市付出了沉重的代价，制约着鄂州市城乡经济的进一步发展。首先，鄂州市人均自然资源少，加上资源的浪费性使用，使发展资源难以为继，成为城乡经济发展的资源制约因素；其次，鄂州市生态环境脆弱，加上环境的破坏性使用，使发展环境难以为继，成为城乡经济发展的环境制约因素。目前，鄂州市正处在工业化、城镇化、农业现代化、城乡一体化的加速时期，有限的自然资源及脆弱的生态环境承受着巨大的发展压力，是鄂州市实现城乡经济协调发展面临的重大挑战。

3.3.5 城镇化滞后于工业化

按照国际标准模式，当工业化水平达到38%以上时，城镇化水平应达到65%以上（安虎森，2004）。但从表3-14看出，鄂州市工业化水平在2005年已达到38%以上，城镇化水平仅为50.1%，与国际标准模式相差15个百分点。从城镇经济的承载力看，鄂州市在已有的城镇体系中，城镇的聚集效应不大、辐射带动能力不足，因而城镇经济的总体效率不高，既不能有效补贴及支撑农村经济发展，又无力容纳大批农村剩余劳动力及农村人口进入城镇。一方面，在现有的产业结构中存在着大量的过剩生产能力；另一方面，在广大农村又存在着巨大的潜在需求。若不尽快转移农村剩余劳动力及农村人口，这种城乡二元经济结构下的资源浪费还将会进一步困扰城乡经济的协调发展。因此，城镇化明显滞后于工业化是制约鄂州市城乡经济协调发展的重要因素之一。

表 3-14　鄂州市城镇化与工业化比较

年份	城镇化水平/%	工业化水平/%	城镇化与工业化差距
2005	50.1	41.4	8.7
2006	51.6	41.8	9.8
2007	54.1	42.0	12.1
2008	59.1	46.9	12.2
2009	59.4	47.8	11.6

资料来源：根据《鄂州统计年鉴》（2005～2009 年）资料整理

3.3.6　县（区）域经济滞后于城市经济

发展县（区）域经济是缩小城乡经济差距的关键。在我国东部地区，城乡经济差距之所以较小，其主要原因在于县（区）域经济发展快；而在中西部地区，城乡经济差距之所以较大，其主要原因是县（区）域经济发展缓慢，严重落后于城市经济的发展（郑炎成和鲁德银，2004）。鄂州市城乡经济发展不协调的一个重要原因也在于县（区）域经济发展不够快。

一是县（区）域经济总体发展水平较低。2005 年以前鄂州市国民经济主要靠以中央及省属企业为主体的城市经济支撑，县（区）域经济总量在全市经济总量中占比不到 40%，县（区）域经济发展严重滞后于城市经济。2008 年湖北省县（区）域经济评价结果显示，在全省 79 个县市区经济实力排行榜中，鄂州市三个县级行政区——鄂城区、华容区及梁子湖区分别排第 18、第 27、第 63 位，鄂州市县（区）域经济发展经济总体实力较弱。究其原因，首先，工业经济发展不够。总体来看，鄂州市区级工业存在着企业规模偏小、质量及效益不高的问题。鄂州市大中型工业企业主要分布在市直地区，三区主要以小型工业企业为主。其次，服务业发展不够。从第三产业占增加值比重看，鄂城区、华容区及梁子湖区第三产业占 GDP 比重分别是 30.46%、10.83% 和 14.46%，与全省相比差距较大。此外，经济外向度、信用等级不高及生态环境建设落后也是制约县域经济发展的重要因素。

二是县（区）域经济发展不协调。在鄂州市三个县级行政区中，鄂城区、华容区经济相对较强，梁子湖区较弱（表3-15）。特别是梁子湖区作为革命老区及贫困地区，由于历史及自然原因，生产力不发达，县级财力非常薄弱。首先，农民增收难度大，增收渠道少，农村第二、第三产业发展滞后，非农产业对农民增收的带动作用较弱，部分农村贫困户、退耕农户收入不增反减。其次，龙头企业带动效应不强，龙头企业规模小，产业链条短，与农户联系不紧密，农民进入市场的组织化程度低，适应市场竞争的能力较弱。最后，农村城镇化进程缓慢，优势资源发挥不够，生态资源难以转化为生态资本，因而农民收入水平明显低于城镇居民。

表3-15　2008年鄂州市区域城乡差距比较

	鄂州市	鄂城区	华容区	梁子湖区
人均GDP/元	25 261	20 702	35 591	11 117
人均财政收入/元	2 370	1 230	917	503
三次产业比例	15.4∶54.9∶29.7	28.7∶40.8∶30.5	23.0∶66.2∶10.8	71.2∶14.3∶14.5
农民人均收入/元	5 096	4 990	5 130	4 275
城乡收入比	2.40	2.45	2.39	2.86

资料来源：根据《鄂州统计年鉴》（2008年）资料整理

3.3.7　制度性、政策性因素的影响

3.3.7.1　土地制度的影响

新中国成立以来，我国城乡土地制度大体上经过了三次改革阶段：一是放权改革阶段，以1950年颁布《土地改革法》及1952年结束土地改革为标志，这个阶段土地制度改革的主要内容是把封建地主土地所有权归还给农民个人所有；二是收权改革阶段，从1953年到1978年，主要内容是将农民土地个人所有权收归为集体所有；三是收放结合阶段，从1978年至今，主要内容是"两权分离"，将单一的土地集体所有权变成土地集体所有，农民个人则拥有长久不变的土地使用

权。因此，我国土地制度的改革经过了一条"放权—收权—收放结合"的曲折过程。目前，我国实行将土地所有权与使用权相分离、以家庭经营为主的经营模式，这是我国土地制度改革的一大创举。从 30 多年的实践来看，这种土地制度取得了明显的成效。但这种土地制度尚存在不完善的地方，农民的合法权益尚未得到充分保障。从鄂州市实践看，主要问题有两个。

一是土地流转不顺畅。虽然近年来我国有关土地承包经营权流转的制度和政策不断完善，但由于土地流转权所要求的其他配套环境还未形成，操作层面的实施细则还不完善，现实中农民土地流转并不顺畅。这些问题包括：土地面积不准、四至不清，可能使土地确权登记颁证工作受阻；土地流转理念不适宜，可能存在强制流转；土地流转程序不规范，可能存在纠纷隐患；土地流转用途不确定，可能使农地遭受毁灭性侵占；土地流转政策不公正，可能导致农民利益受损。例如，土地收益在农民与政府等其他有关主体之间的分配往往不公平，农民的土地权益往往无法保障，特别是土地变性后的增值收益部分分配更是不公。在农民土地流转中，若土地成本价为 100%，则政府及其各部门占 60%～70%，村一级占 25%～30%，农民只占 5%～10%。此外，成本价只是土地增值收益的一部分，如果将土地高价转让后的收益考虑进去，则农民所占比例会更低。

二是征地、用地难题尚未破解。主要问题有：征地过程中农民的参与权得不到保障，因而农民的主体性无法得到体现；征地补偿标准不合理，城市国有土地与农村集体土地存在"同地不同权"现象，导致城乡居民不能平等分享土地收益，拉大了城乡居民财富差距；在农村新社区建设中，对新社区建成后农民生产成本、生活成本是否增加等问题考虑不充分，导致农民集中居住后显现出一些弊端。

3.3.7.2 金融制度的影响

近几年来，虽然鄂州市农村金融制度改革取得了明显成效，但由于农村金融制度设计、市场环境等方面的原因，农村金融供求矛盾还比较突出。

一是信贷供给不足。虽然鄂州市基本形成了包括农业银行、农业发展银行、农村信用社等金融机构在内的农村金融体系，但由于农村金融市场发育不充分、回报率不高，农村金融机构存在"脱农化"倾向。据调查，在鄂州市农村金融市场，农户、企业及农民专业合作组织"贷款难"问题普遍存在，一些农户的经营转型、农村基础设施建设很难得到农村金融机构的支持。

二是供求结构不合理。目前农村经济结构呈现多元化、层次化趋势，除第一产业发展外，第二、第三产业也有了较大发展，各产业内部经济结构也日益多元化。经济结构的变化客观上要求农村金融供给作出相应变化。然而，目前农村金融机构不健全、金融产品少、功能不完善，无法有效满足农村多元化、层次化的金融需求。同时，农村信贷仍延续传统做法，无法根据农业生产经营周期长的实际情况合理确定贷款期限，不能适应农村产业结构调整的需要，使农户贷款以短期或流动资金贷款为主，而中长期贷款和固定资产贷款比重过小，农户贷款愿望往往不能实现。

三是中介服务体系不完善。目前，在鄂州市农村金融中介服务体系建设薄弱，会计、审计、资产评估、担保抵押、法律咨询等中介服务及独立的信用评级机构和专业人员供给不足，制约了农村金融业的发展。

3.3.7.3　城市-工业偏向政策的影响

一是工农业产品价格剪刀差。新中国成立后，鄂州市与全国一样，实施城市-工业优先发展模式，通过采取工农业产品价格剪刀差的形式，为城市-工业发展筹集原始积累资金，而使农民的利益受损，导致农村居民与城市居民的收入差距拉大。改革开放以后，虽然工农业产品价格扭曲有所纠正，从农村制度创新中农民也得到了不少实惠；但是工业化、城镇化仍是政府的政策重心，工农业产品价格剪刀差仍然没有消除，导致城乡差距进一步扩大。

二是城乡有别的户籍制度。传统的户籍制度是在计划经济时代我国为实现城市-工业优先发展而设立的一种限制农民市民化的管理办法，旨在通过户籍将农民固定在农村及农业，实行城乡有别的公共品及公共服务供给制度，以促进城市-工业发展。这一制度曾对鄂州市城市-工业发展起到了积极作用，但也存在十分消极的影响。限制了劳动力在城乡之间的自由流动，使劳动力要素无法在城乡劳动力大市场得到优化配置，制约了农民增收、农村农业发展，使城乡经济发展差距扩大。

4 城乡经济协调发展评价指标体系与研究方法

城乡经济协调发展是一个动态发展的历史过程。对一个区域的城乡经济协调发展进行量化评价不仅有利于科学把握城乡经济协调发展趋势，而且有利于科学选择城乡经济协调发展模式，从而更好地促进城乡经济协调发展。如何构建一套科学的评价指标体系对城乡经济协调发展进行量化测度，及时观察、分析、研究、协调城乡经济发展状态，使区域城乡经济朝着又好又快的方向协调发展，是亟待解决的问题。

本章在分析城乡经济协调发展评价指标体系及功能的基础上，提出了城乡经济协调发展评价指标体系的构建原则及方法，构建了一套城乡经济协调发展评价指标体系，探讨了城乡经济协调发展评价中的几个重要问题及处理方法。

4.1 城乡经济协调发展评价指标体系及功能

4.1.1 城乡经济协调发展评价指标体系的内涵

指标是一种反映对象质量与数量关系的统计标识，一般由指标名称和指标数值构成，具有代表性、具体性、可测性、数量性等特点。在统计学上，指标一般分为总量指标、相对指标及平均指标，或者单项指标、综合指标。在实际研究中，我们更关心指标的来源。从指标的来源看，指标可以分为直接指标和间接指标。直接指标是指可以从权威统计资料查取的指标，如 GDP、财政收入等。间接指标是指从权威统计资料无法直接查取的指标，而需要根据指标的定义，在权威统计资料的基础上进行计算才能获得，如城乡劳动生产率比等。

指标体系是由一系列相互联系的指标组成的指标群，它是一系列能够直接反映对象系统不同特征的指标按隶属关系及层次原则组成的有序集合，它可以反映对象系统的整体发展趋势。指标体系具有实践性、理论性、宏观性、系统性等特征。从系统论看，指标体系是一个具有层次性及内在相关性的指标系统，它是由规模性指标、结构性指标、功能性指标构成的反映系统质与量统一的有机整体，单一指标对指标系统来说只具有相对意义。

城乡经济协调发展评价指标体系是由一组相互独立而又相互关联，既可定性分析又可量化分析的城乡经济协调发展指标所构成的完整系统。城乡经济协调发展评价指标体系属于系统化指标体系，其指标大体上可以分为两类：一类是战略性指标，主要用来反映城乡经济协调发展总体水平，一般处于指标体系层次结构中的顶层；另一类是战术性指标，主要用来测度城乡经济系统各方面现实与系统目标之差距，一般处于指标体系层次结构中的底层。城乡经济协调发展评价指标体系也可以看成是信息化指标系统，它以简明的方式提供全面、客观、动态的系统信息，我们通过这些信息可以掌握城乡经济系统发展的各种参数，并对其及时评价、分析、调控，确保城乡经济协调发展。

4.1.2 城乡经济协调发展评价指标体系的功能

城乡经济协调发展评价指标体系客观反映了城乡经济系统中子系统与子系统、子系统与指标、指标与指标之间的各种协调关系及变化趋势，在引导科学制定城乡经济发展战略、确保城乡经济协调发展等方面显示出较强的功能，主要表现在以下四个方面。

1）定性功能。城乡经济协调发展评价指标体系涉及城乡经济发展的方方面面，其每一个指标都是从众多纷繁复杂的指标中选择出来的，具有一定的代表性，比较全面地反映了城乡经济发展状态。因此，可以据其从宏观整体上检验城乡经济发展的科学性。

2）定量功能。城乡经济协调发展评价指标体系通过采用一定的计量分析模型，计算出系统及各个子系统的综合评价值，从而使城乡经济协调发展水平及态势定量化，为科学决策提供数理依据。因此，可以据其从战略决策上协调城乡经济发展的模式。

3）定位功能。城乡经济协调发展评价指标体系对城乡经济系统发展的规模、结构及其功能进行动态描述，可以客观反映出城乡经济发展水平的阶段性、差异性。因此，可以据其从重大措施上协调城乡经济发展的路径。

4）定向功能。城乡经济协调发展评价指标体系通过发挥其对城乡经济系统发展的定性、定量、定位功能作用，使城乡经济协调发展可调可控，呈现出明显的节律性、方向性。因此，可以据其从运行机制上协调城乡经济发展的规划及制度安排。

4.2 城乡经济协调发展指标体系的构建原则及方法

4.2.1 城乡经济协调发展指标体系的构建原则

构建城乡经济协调发展指标体系要力求客观地反映城乡经济协调发展现状及趋势，科学地评价城乡经济协调发展水平及成因。本书在构建和设计城乡经济协调发展评价指标体系时遵循以下原则。

1）科学性原则。指标体系要体现科学发展观，遵循城乡经济协调发展规律；既有"好"的指标，又有"快"的指标；既有规模指标，又有结构、功能指标，使指标体系体现规模、结构、功能的有机统一。

2）客观性原则。指标体系要客观地反映城乡经济发展情况，准确把握城乡经济协调发展的脉搏；既有宏观指标，又有微观指标，使指标体系体现抽象与具体的有机统一。

3）可行性原则。指标体系要易于量化，指标数据要便于可得；无论是直接获取的指标，还是间接计算的指标，其原始数据都要来源于权威统计资料；既要注重指标的可选性，更要注重指标的可获性，使指标体系体现定性与定量的有机统一。

4）指导性原则。指标体系要能够指导城乡经济协调发展实践，成为衡量城乡经济协调发展的标尺；既要发挥指标的导向功能，更要发挥指标的纠偏功能，使指标体系体现理论与实践的有机统一。

4.2.2　城乡经济协调发展评价指标体系的确定方法

城乡经济协调发展评价指标体系的确定是一项复杂的系统工程，需要采取系统方法，对各个备选指标的重要性、必要性、完备性进行全面系统的分析。

目前，确定指标的方法主要有频度分析法、理论分析法及专家咨询法等方法，本书将综合运用这三种方法来选取指标。首先，采取频度分析法对当前有关城乡经济协调发展的研究报告、论文、书籍等进行频度统计，选出那些出现频度相对较高的指标。同时，采取理论分析法对城乡经济协调发展的核心理念、基本特征、基本理论、主要内容、主要问题进行系统分析、综合比较，选出那些能体现城乡经济协调发展主要特征的关键性指标。其次，在运用频度分析法、理论分析法提出初步指标体系的基础上，采用专家咨询法，反复发函征询有关专家的意见，最终确定城乡经济协调发展评价指标体系。

在具体构建城乡经济协调发展评价指标体系的过程中，要特别注意以下几点，力求构建出一套相对完备的指标体系。

一要建立城乡经济系统协调发展原始指标数据库，尽可能全面地收集与城乡经济协调发展有关的指标。选择那些具有重要控制意义、能受到管理措施直接或间接影响的指标，以及选择那些与外部环境具有交换关系的开放特征明显的指标，并建立原始指标数据库。

二要选出城乡经济系统协调发展原始指标集。通过采用频度统计法、理论分析法及专家咨询法筛选指标，按照规模、结构、功能三个子系统，以及表征各子系统的要素指标，分门别类地进行统计，选出符合城乡经济协调发展的原始指标集。

三要确定城乡经济系统协调发展评价指标集。在选择的原始指标集的基础上，对指标进行相关分析，确定指标间的相关度，根据一定的取舍标准及专家意见进行筛选，确定出评价指标集。

四要构建出城乡经济系统协调发展评价指标体系。以已确定的评价指标集为基础，反复进行理论分析并征询专家意见，对指标集进行反复筛选及调整，将理论分析法和专家咨询法贯穿于构建指标体系的全过程，从而确保得到科学完备的评价指标体系。

4.3　城乡经济协调发展评价指标体系的基本框架

根据上述原则和方法，结合城乡经济发展实际，借鉴徐同文（2008）、李慈军（2009）、李勤等（2009）等专家学者相关研究成果，作者认为，城乡经济协调系统作为复杂的巨系统，以系统论的视角从规模、结构、功能三方面对其剖析和把握具有科学性、可行性、简洁性。城乡经济协调发展评价指标体系可考虑包括规模性指标、结构性指标、功能性指标三个方面的内容。这些指标共同反映了城乡经济系统协调发展的规模、结构、功能水平，揭示了城乡经济协调发展的一系列因果关系（表4-1）。

表 4-1　城乡经济协调发展评价指标体系

	指标名称	指标含义及计算方法
规模性指标	人均 GDP（X_1）	GDP/城乡总人口
	人均财政收入（X_2）	财政收入/城乡总人口
	GDP 非农产业比例（X_3）	非农产业产值/ GDP
	非农就业比例（X_4）	非农就业人数/总就业人数
	城镇化率（X_5）	城镇人口/城乡总人口
	城乡收入比（X_6）	农村居民人均收入/城镇居民人均收入
	城乡消费比（X_7）	农村居民人均消费支出/城镇居民人均消费支出
	城乡恩格尔系数比（X_8）	城镇居民恩格尔系数/农村居民恩格尔系数
结构性指标	人均固定资产投入（X_9）	固定资产投入/城乡总人口
	人均实际利用外资（X_{10}）	实际利用外资/城乡总人口
	人均社会消费品零售额（X_{11}）	社会消费品零售额/城乡总人口
	人均出口额（X_{12}）	出口额/城乡总人口
	科技三项费占财政支出比（X_{13}）	科技三项费/财政支出
	教育经费占 GDP 比（X_{14}）	教育经费/GDP
	环境投资 GDP 占比（X_{15}）	环境投资总额/GDP
	城乡劳动生产率比（X_{16}）	农业劳动生产率/非农业劳动生产率

续表

指标名称	指标含义及计算方法
人均生活年用电量（X_{17}）	总用电量/总人口
人均公路里程（X_{18}）	公路总里程/总人口
人口密度（X_{19}）	总人口/国土面积
城乡人均储蓄比（X_{20}）	农村人均储蓄/城镇人均储蓄
城乡自来水普及率比（X_{21}）	农村自来水普及率/城镇自来水普及率
城乡卫生厕所普及率比（X_{22}）	农村卫生厕所普及率/城镇卫生厕所普及率
城乡人均电话数比（X_{23}）	农村人均电话数/城镇人均电话数
城乡居民户均电视机数比（X_{24}）	农村户均电视机数/城镇户均电视机数

（功能性指标）

4.3.1 规模性指标

规模性指标是反映城乡经济协调发展结果的指标，可直观反映城乡经济协调发展规模方面的情况。其包括人均 GDP、人均财政收入、GDP 非农产业比例、非农就业比例、城镇化率、城乡收入比、城乡消费比、城乡恩格尔系数比等。

指标 X_1：人均 GDP，用以综合反映一个区域城乡经济发展水平。GDP 不仅包括在一定时期内三大产业部门的价值总和，还要按该区域居民从国外获得的要素性收入净额进行调整，因而能够综合反映一个区域的经济状况。人均 GDP 是反映城乡经济协调发展规模的最重要指标之一，可以更好地从宏观上衡量区域城乡经济发展情况。同时，为了便于进行国际比较也应考虑该指标。一般来说，人均 GDP 越高，越能为城乡经济协调发展提供物质基础及推动力，区域城乡经济协调发展水平越高。

指标 X_2：人均财政收入，用以反映一个区域财政供给水平，是衡量一个区域宏观经济产出效率的主要指标之一。该指标值越高，说明政府的财政能力越强，越有利于促进城乡经济的协调发展。

指标 X_3：GDP 非农产业比例，用以反映一个区域产业结构高级化趋势，是衡量一个区域城乡经济发展综合水平的重要指标。从人类社会经济发展的一般规律来看，非农产业的占比越高，区域城乡产业结构的层次越高，城乡经济协调发展水平也越高。

指标 X_4：非农业就业比例，用以反映一个区域工业化、城镇化进程中农村劳动力由农业向非农产业转移的情况，是衡量一个区域生产力结构及社会结构的主要指标。随着非农化进程的加快，大批农民将逐步脱离耕地，改变单一的务农状态，转移到非农产业中去，这一指标的上升是城乡经济协调发展的体现。

指标 X_5：城镇化率，亦称城市化率，可以在一定程度上反映一个区域城乡经济协调发展水平，是衡量一个区域城乡经济社会结构变化的重要标志，也是衡量一个区域社会组织程度及管理水平的重要标志。城镇化的实质是让农民转化为市民，核心是人口城镇化，作用是"一化带四化"，可以为工业化、农业现代化、高新化、生态化创造有利条件。据有关方面统计，发达国家城市化率一般达到80%，2011年我国户籍人口城镇化率为35%左右，可见，我国城镇化具有巨大的发展潜力（李克强，2012）。城镇化率与城乡经济协调发展的关系是城镇化率越高，城乡经济协调发展水平越高。

指标 X_6：城乡收入比，用以反映城乡居民的收入水平差异，是衡量城乡经济协调发展的重要指标。城乡经济协调发展的重要目的就是要增加农民收入，缩短城乡收入差距，实现城乡协调发展。通过比较不同年份城乡居民收入差距可以反映城乡经济协调发展效果。城乡收入比与城乡经济协调发展的关系是城乡收入比越接近于1，说明城乡居民收入差距越小，城乡经济协调发展水平较高。

指标 X_7：城乡消费比，用以反映城乡经济协调发展效果，是衡量城乡居民消费能力差异的重要指标。城乡消费比与城乡经济协调发展的关系是城乡消费比越接近于1，说明城乡居民消费差距越小，城乡经济协调发展水平较高。

指标 X_8：城乡恩格尔系数比，用以反映城乡居民生活水平差异程度。恩格尔系数在国际上是衡量居民生活水平高低的重要指标。联合国粮农组织提出的依据恩格尔系数评判生活状况的标准是，恩格尔系数超过0.6为贫困水平，0.5 ~ 0.6为温饱水平，0.4 ~ 0.5为小康水平，0.3 ~ 0.4为富裕水平，低于0.3为非常富裕水平。一般来说，城市居民的恩格尔系数较农民的恩格尔系数小。

4.3.2　结构性指标

结构性指标是反映城乡经济协调发展原因的指标，可直接反映城乡经济协调发展结构方面的情况。其包括人均固定资产投入、人均实际利用外资、人均社会消费品零售额、人均出口额、科技三项费占财政支出比、教育经费占 GDP 比、环境投资 GDP 占比、城乡劳动生产率比等。

指标 X_9：人均固定资产投入，用以反映一个区域资产的利用效率和城乡经济发展潜力。固定资产作为劳动手段，往往是企业赖以生产经营的主要资产。人均固定资产投入与城乡经济协调发展的关系是该指标值越高，反映城乡企业实力越强，城乡经济协调发展潜力越大。

指标 X_{10}：人均实际利用外资，用以反映一个区域对外开放水平及经济发展潜力。利用外资指政府、企业及其他经济组织通过吸收外商直接投资、对外借款及其他方式筹措的境外现汇、技术、设备等。历史证明，任何国家或地区为了加快本地经济发展，都必须积极利用国外资金及技术。一般来说，发展中国家或地区有效提高人均实际利用外资水平，可以弥补资金、技术、装备和管理经验不足，加快开发落后地区，促进产业结构优化，扩大就业机会，增加城乡居民收入，从而促进城乡经济协调发展。

指标 X_{11}：人均社会消费品零售额，用以反映一定时期城乡居民个人物质文化生活水平的变化情况，反映社会商品购买力的实现程度和零售市场的规模状况。社会消费品零售额是指各种经济类型的制造业、批发零售贸易业、餐饮业及其他行业对城乡居民及社会集团消费品零售额及农民对非农业居民零售额的总和。人均社会消费品零售额与城乡经济协调发展的关系是该指标值越高，反映居民的消费能力越强，城乡经济越繁荣，城乡经济协调发展水平越高。

指标 X_{12}：人均出口额，用以反映一个区域对外开放水平及经济发展潜力，可以比较直观地反映出一个区域的经济外向程度。出口额指一定时期内从一国向国外出口商品的全部价值。人均出口额与城乡经济协调发展的关系是一般情况下，人均出口额越高，意味着区域竞争力越强，从而有利于提高城乡经济协调发展水平。但是，人均出口额与城乡经济协调发展的直接关系却比较复杂，有些出口贸易有利于城乡经济协调发展，有些出口贸易不利于城乡经济协调发展。随着经济全球化的加快，城乡经济受国际影响的风险也会加大。因此，要协调好经济的国内发展与对外开放。尽管随着国内消费市场的发展，贸易出口值占 GDP 的比例可能会伴随人均收入的大幅度上升而不同程度下降，但是为了更好地利用国际国内两个市场、两种资源，出口额比例还是应该控制在合理的范围内。

指标 X_{13}：科技三项费占财政支出比，用以反映一个区域科技进步与创新能力，是衡量一个区域高新化水平的一个重要标志。科技三项费用指国家为支持科技事业发展而专门设立的新产品试制费、中间试验费及重大科研项目补助费，它是国家财政科技拨款的重要组成部分。一般来说，科技三项费占财政支出比越高，意味着区域创新能力越强，从而有利于促进城乡经济协调发展。

指标 X_{14}：教育经费占 GDP 比，用以反映一个区域人力资本投入水平与发展潜力。教育经费指中央及地方财政预算中用于教育的费用，涉及教育事业费及教育基本建设投资等费用。教育经费通过货币形式支付，是城乡办学的财力保障。教育经费占 GDP 比与城乡经济协调发展的关系是教育经费占 GDP 比越高，意味着区域人力资源发展潜力越大，越有利于促进城乡经济协调发展。

指标 X_{15}：环境投资 GDP 占比，用以反映一个区域经济可持续发展能力，是衡量一个区域生态化水平的一个重要标志。良好的生态环境是城乡经济可持续发展的基础，而严重的环境污染对城乡经济可持续协调发展具有制约作用。环境污染治理投资反映了一个区域在治理环境污染及保护环境方面进行的投入力度。增加环境污染治理投资，有利于改善城乡生态环境质量，从而提高城乡可持续发展水平。从国外实践看，城乡经济将会朝绿色经济、循环经济、低碳经济方向发展，这就要求政府必须不断加大环境污染治理力度。基于此，应该将环境投资 GDP 占比指标作为指标体系的一个重要指标予以考虑。

指标 X_{16}：城乡劳动生产率比，用以反映城乡二元经济结构的强度。劳动生产率指在一定时期内劳动者的劳动成果与劳动消耗量之比。劳动生产率一般由社会生产力发展水平决定，与科学技术的发展程度、劳动者的平均熟练程度、生产过程的组织及管理、生产资料的规模及效能、自然条件等因素有关。本书城乡劳动生产率比是农业比较劳动生产率与非农业比较劳动生产率的比值，该比值越大，城乡差别越小，反之，城乡差别越大。

4.3.3　功能性指标

功能性指标是反映城乡经济协调发展基础的指标，可间接反映城乡经济协调发展功能方面的情况。其包括人均生活年用电量、人均公路里程、人口密度、城乡人均储蓄比、城乡自来水普及率比、城乡卫生厕所普及率比、城乡人均电话数比、城乡居民户均电视机数比等。

指标 X_{17}：人均生活年用电量，用以反映城乡居民家庭生活现代化水平，是衡量居民家用电器普及率及电气化水平的重要指标。该项指标能很好描述城乡社会生活水平，比家庭拥有冰箱及空调数等指标更形象，同时指标值易取得，故采用这一项指标。

指标 X_{18}：人均公路里程，用以反映城乡交通发展水平，是衡量区域城乡基础设施现代化的重要指标。

指标 X_{19}：人口密度，用以反映城乡经济协调发展的土地资源丰裕程度，是衡量人口与资源、环境协调水平的重要指标。

指标 X_{20}：城乡人均储蓄比，用以反映城乡居民家庭财产水平差异程度。

指标 X_{21}：城乡自来水普及率比，用以反映城乡居民基本生活质量和水平差异程度。从实地调查情况看，城乡最大的差别可能体现在自来水普及率上。因此，在指标体系中选择了这个相对微观、具体的指标。

指标 X_{22}：城乡卫生厕所普及率比，用以反映城乡卫生保健水平及文明程度差异。城乡最大的差别还可能体现在卫生厕所普及率上。

指标 X_{23}：城乡人均电话数比，用以反映城乡居民通过电话获取信息的能力及信息化水平。

指标 X_{24}：城乡居民户均电视机数比，用以反映城乡居民通过电视获取信息能力的强弱及信息化水平差异。随着科学技术的飞速发展，电视在为城乡居民提供大量信息的同时，也越来越成为城乡居民文化生活的一部分，并在一定程度上左右着城乡居民的思维方式、行为方式乃至发展能力。因此，我们将城乡居民户均电视机数比指标作为一个重要指标纳入指标体系。

4.4　城乡经济协调发展评价研究方法

4.4.1　指标值的确定方法

一般来说，城乡经济协调发展指标大体可以分为两类：一类是单项绝对指标，如人均 GDP、人均财政收入等；另一类是城乡比较指标，如城乡收入比、城乡消费比等。

对单项绝对指标采用该指标的实际观测值表示，如用人均 GDP 实际值可以在一定程度上反映当前城乡经济协调发展的城乡经济总量规模水平。

对城乡比较指标采用该项指标城乡实际比值来衡量，如用城乡收入比（农村居民人均收入与城镇居民人均收入之比）可以在一定程度反映当前城乡经济协调发展的城乡收入差距规模水平。用数学公式表示为 $U_i = R_i / C_i$。其中，i 为第 i 个指标；R_i 为乡村指标的数值；C_i 为城市指标的数值；U_i 为城乡间第 i 个指标的数值之比。一般情况下，U_i 应接近于 1，偏离 1 的程度越大，说明第 i 个指标的城乡不协调性越明显；当 U_i 等于 1 时，第 i 个指标就实现了城乡协调发展。有些指标是逆指标，其乡村值大于城市值，如城乡恩格尔指数比，若用上述公式去计算城乡比较指标的数值，就会造成计算结果出现明显的误差。本书认为，对逆指标用如下计算公式：$U_i = C_i / R_i$，可使城乡经济协调发展评价指标体系各个指标呈现一致性变化，从而可以较好地消除系统误差。

以上两类城乡经济协调发展指标值的确定方法各有利弊，在实际测度研究中要根据指标的数据可得性进行适当选择。第一类指标主要反映城乡经济协调总体水平，在指标的选取上具有较大的选择空间，因为这类指标并不要求指标有分城乡的数据。第二类指标能更好地反映当前城乡经济之间的协调状况，但对数据分城乡要求较高，因而在指标的选取上具有较大的局限性。

4.4.2　原始数据标准化方法

城乡经济协调发展评价指标体系中各项指标的含义、计算方法及量纲不同，即使各项指标都量化了，也无法直接进行综合计算。因此，我们必须对指标进行标准化处理。指标标准化（无量纲化）就是将所有的指标都转化到［0，1］范围。一般来说，指标主要分为两种类型：一类是正向指标，即指标值越大越好；另一类是逆向指标，即指标值越小越好。在实际计算过程中对两类指标需要采用两种不同的处理方法。

正向指标的标准化，可以采取如下处理方法：

$$r_j = \begin{cases} 1, & x_j > x_j^{max} \\ \dfrac{x_j - x_j^{min}}{x_j^{max} - x_j^{min}}, & x_j^{max} > x_j > x_j^{min} \\ 0, & x_j < x_j^{min} \end{cases}$$

其中，x_j 为第 j 个指标的实际观测值；x_j^{max}，x_j^{min} 分别为第 j 个指标的最大值和最小值。

逆向指标的标准化，可以采取如下处理方法：

$$r_j = \begin{cases} 0, & x_j > x_j^{max} \\ \dfrac{x_j^{min} - x_j}{x_j^{max} - x_j^{min}}, & x_j^{max} > x_j > x_j^{min} \\ 1, & x_j < x_j^{min} \end{cases}$$

4.4.3　指标权重的确定方法

一般来说，指标权重的确定方法很多，可以分为两大类：一类是主观赋权法，如专家权重法、特尔菲法等；另一类是客观赋权法，如主成分分析法（principal component analysis，PCA）（郭志刚，1999；秦寿康，2003；完世伟，2006）、层次分析法（analytic hierarchy process，AHP）（许树柏，1998；郭亚军，2002）等。参考国内外相关文献，结合本书研究的需要，本章主要介绍及讨论主成分分析法、层次分析法、主成分分析法与层次分析法相结合的综合评价方法（PCA-AHP）。

4.4.3.1　主成分分析法

主成分分析法，最早由霍特林（Hotelling）于1933年提出，它是一种多元统计分析方法，其核心思想是通过降维技术实现"删繁就简"，将具有一定相关性的多个指标简化成少数几个综合指标。在主成分分析法中，由于各综合因子贡献率的大小决定着综合因子的权重，主成分分析法弥补了一些评价方法中人为确定权重的缺陷，评价结果客观、科学，在科学研究、技术开发、经济管理等领域有着广泛的应用。其基本步骤有三步。

1）把样本数据进行标准化处理。设有 n 个待评价的年份，协调水平评价指标数为 p 个，则样本数据矩阵为

$$
X = \begin{bmatrix}
x_{11} & x_{12} & \cdots & x_{1p} \\
x_{21} & x_{22} & \cdots & x_{2p} \\
\vdots & \vdots & \vdots & \vdots \\
x_{n1} & x_{n2} & \cdots & x_{np}
\end{bmatrix}
$$

为了消除指标的正逆性影响及不同指标间的量纲影响，把样本数据按下列公式标准化，标准化后的矩阵是 $X = (y_{ij})$，$y_{ij} = \dfrac{x_{ij} - \bar{x}_j}{\sigma_j}$，其中，$\bar{x}_j = \dfrac{1}{n} \sum\limits_{i=1}^{n} x_{ij}$，$\sigma_j = \sqrt{\dfrac{1}{n-1} \sum\limits_{i=1}^{n} (x_{ij} - \bar{x}_j)^2}$。

2）计算特征值及特征向量。主成分分析法就是设法把原来众多具有一定相关性的 p 个指标，通过重新组合，形成一组新的相互无关的综合指标，以代替原来的指标，即把分散指标信息集中化，用尽可能少的指标来代表原来指标的全部信息。由此，我们可以用标准化后的矩阵的 p 个向量作线性组合

$$
\begin{cases}
F_1 = a_{11}Y_1 + a_{21}Y_2 + \cdots a_{p1}Y_p \\
F_2 = a_{12}Y_1 + a_{22}Y_2 + \cdots a_{p2}Y_p \\
\cdots\cdots \\
F_p = a_{1p}Y_1 + a_{2p}Y_2 + \cdots a_{pp}Y_p
\end{cases}, \qquad
Y_j = \begin{bmatrix}
y_{1j} \\
y_{2j} \\
\cdots \\
y_{nj}
\end{bmatrix}
$$

则 F_1，F_2，$\cdots$，F_p 为 p 个主成分。一般来说，越在前面的主成分包含原有指标的信息越多，而包含信息的多少可用方差来表示。因此，主成分 F_1，F_2，$\cdots$，F_p 需要满足以下条件：F_i 与 F_j（$i \neq j$，i，j，$= 1$，2，$\cdots$，p）相互独立；F_1 方差最大变量，F_2 方差次最大，以此类推，F_p 方差最小。

数学上可以证明，满足以上条件的主成分 F_1，F_1，$\cdots$，F_p 线性组合中的系数向量（a_{1i}，a_{2i}，$\cdots$，a_{pi}），$i = 1$，2，$\cdots$，p，正好为 Y 的协方差矩阵 Σ 的特征值对应的特征向量（证明略）。当协方差矩阵 Σ 未知时，我们可用其估计值 S（样本协方差矩阵）来代替：

$S = (S_{ij})$，其中，$S_{ij} = \dfrac{1}{n} \sum\limits_{k=1}^{n} (x_{ki} - \bar{x}_i)(x_{kj} - \bar{x}_j)$。而相关系数矩阵为 $R = (r_{ij})$，其中 $r_{ij} = \dfrac{S_{ij}}{\sqrt{S_{ii}}\sqrt{S_{jj}}}$。因 Y_1，Y_2，$\cdots$，Y_p 已标准化，故有 $S = R = \dfrac{1}{n} Y^T Y$。

计算时为简便起见，我们可以取 $R = Y^T Y$，由于此时的 R 与 $\dfrac{1}{n} Y^T Y$ 仅相差一个系数，显然 $Y^T Y$ 与 $\dfrac{1}{n} Y^T Y$ 的特征根相差 n 倍，但是它们的特征向量并不变，也不影响求主成分。

设相关系数矩阵 R 的 p 特征值为 λ_1，λ_2，$\cdots$，λ_p；称第一主成分的贡献率为 $\lambda_1 \Big/ \sum\limits_{i=1}^{p} \lambda_i$，它为第一主成分的方差在全部方差中的比值，此值越大，说明第一主成分对原指标 X_1，X_2，$\cdots$，X_p 信息的综合能力越强。前两个主成分的累计贡献率为 $(\lambda_1 + \lambda_2) \Big/ \sum\limits_{i=1}^{p} \lambda_i$，前 k 个主成分的累计贡献率为 $\sum\limits_{i=1}^{k} \lambda_i \Big/ \sum\limits_{i=1}^{p} \lambda_i$。我们可以认为，若前 k 个主成分的累计贡献率达到85%，则表明取前 k 个主成分基本包含了全部原指标所具有的信息，这样就可以使变量的个数大为减少，同时可以方便地分析处理复杂的实际问题。

3）综合评价。把累计贡献率达到85%的 k 个主成分做线性组合，并用每个主成分 F_i 的方差贡献率 α_i 作为权数，构造一个协调水平综合评价函数

$$v = \alpha_1 F_1 + \alpha_2 F_2 + \cdots + \alpha_k F_k$$

以 v 为协调水平评估指数，根据对每个评价对象的 v 值进行综合排序。v 值越大，说明评价对象的水平越高，反之，则越低。

4.4.3.2 层次分析法

层次分析法最早由萨蒂于 20 世纪 70 年代中期提出，它是一种将定性、定量因素有机结合的方法，其核心思想是通过建立判断矩阵、排序计算及一致性检验后得到最终评价结果，从而实现将复杂系统的决策思维层次化，其评价结果具有一定的客观性、科学性，在经济管理、科学研究等领域应用较广。其基本步骤有五步。

1）建立递阶层次结构。将复杂问题分成由最高层（目标层）、中间层（准则层）和最底层（指标层）组成的递阶层次结构，各层元素之间具有从上到下的支配关系，每层次的元素一般不宜超过 9 个。

2）构建判断矩阵。设计专家调查表，对各个指标的相对重要性程度进行打分。可采用两两比较法对两个指标间的重要程度进行比较判断，同等重要的为 1，略微重要的为 3，相当重要的为 5，明显重要的为 7，绝对重要的为 9，其余介于两者之间的分别对应为 2、4、6、8。将上述标度作为矩阵的元素，可以分别列出各层面需要比较的指标的判断矩阵。例如，准则层 B 中各因素 B_1，B_2，$\cdots$，B_n 对目标层 A 的影响两两比较所构成的判断矩阵可以表示为

A	B_1	B_2	$\cdots$	B_n
B_1	1	b_{12}	$\cdots$	b_{1n}
B_2	b_{21}	1	$\cdots$	b_{2n}
$\vdots$	$\vdots$	$\vdots$	$\vdots$	$\vdots$
B_n	b_{n1}	b_{n2}	$\cdots$	1

其中，$b_{ij}=\dfrac{1}{b_{ji}}$。表 4-2 列出了层次分析法通常采用的 1 ~ 9 标度方法的数量标度及含义。

表 4-2　判断矩阵 1～9 标度及含义

相对重要程度	定义	说明（行元素比列元素）
1	同等重要	两个目标同样重要
3	略微重要	由经验或判断，认为一个目标比另一个略微重要些
5	相当重要	由经验或判断，认为一个目标比另一个重要
7	明显重要	深感一个目标比另一个重要，且这种重要性已有实践证明
9	绝对重要	强烈地感到一个目标比另一个重要得多
2, 4, 6, 8	两个相邻判断中间值	需要折中时采用
倒数		若因素 i 与因素 j 的重要性之比为 a，那么因素 j 与因素 i 重要性之比为 $1/a$

　　3）层次单排序及一致性检验。求出上述判断矩阵的相应于最大特征值的特征向量，在经归一化处理后，即可以得到各指标在各自层面上的权数，可设第三层对第二层的权数为 $w_{cj}^{b} = (w_{1j}, w_{2j}, \cdots, w_{nj})^{T}$，其中，$n$ 为第三层的元素个数；$j = 1, 2, \cdots, m$ 为第二层的元素个数。第二层对第一层的权数为 $w_{bj}^{a} = (w_1, w_2, \cdots, w_n)^{T}$。

　　4）层次总排序及一致性检验。可设第三层指标层对第二层准则层的权重是 $w_{cj}^{b} = (w_{1j}, w_{2j}, \cdots, w_{nj})^{T}$，其中，$n$ 为第三层的元素个数；$j = 1, 2, \cdots, m$ 为第二层的元素个数。第二层准则层对第一层目标层的权重为 $w_{bj}^{a} = (w_1, w_2, \cdots, w_n)^{T}$。则第三层指标层对第一层目标层的总排序权值可由表 4-3 计算得出。

表 4-3　层次总排序权值计算表

层次 C ＼ 层次 B	B_1 w_1	B_2 w_2	$\cdots$	B_m w_m	C 层次总排序权值 w_{cj}^{a}
C_1	w_{11}	w_{12}	$\cdots$	w_{1m}	$\sum_{j=1}^{m} W_j W_{1j}$
C_2	w_{21}	w_{22}	$\cdots$	w_{2m}	$\sum_{j=1}^{m} W_j W_{2j}$
$\vdots$	$\vdots$	$\vdots$	$\cdots$	$\vdots$	$\vdots$
C_n	w_{n1}	w_{n2}	$\cdots$	w_{nm}	$\sum_{j=1}^{m} W_j W_{nj}$

5）综合评价指数。综合各层次的权数，求出各层次指标相对综合指数的权数，用分层的判别矩阵，可以计算出各个指标相对于上一层的权数，把每一个层次各个指标的权数进行综合，就可以得到各个指标在综合指数中的权数，把其代入各个指标的观测值，就可计算出综合评价指数。

4.4.3.3 主成分分析法与层次分析法相结合的综合评价方法

在进行城乡经济协调发展评价时，科学确定权重十分重要，如果权重确定得不合理，即使指标选得非常合理，评价结果可能还是不准确。因此，在实际研究过程中往往需要对问题进行综合考虑后再选择适当的确定权重的方法。

主观赋权方法实际上是一种经验分析方法，但由于人类主观认识的局限性，用这种方法确定的权重去衡量事物的相对重要性往往会与客观现实产生差异。因此，主成分分析法、层次分析法等客观赋权方法逐渐盛行。一般来说，当评价对象不多同时评价精度要求较高时，层次分析法是一个很好的选择；当评价对象多并想把原有变量变为少数几个新变量来进行分析时，则可使用主成分分析法。

然而，在实际测度评价中若将多种客观赋权方法结合起来，对城乡经济协调发展进行综合评价，有利于克服各自方法的不足，充分发挥不同方法的优势，可以有效地发现城乡经济协调发展现状的真实情况。

基于此，我们认为，结合主成分分析法与层次分析法两种方法的优点，可以用主成分分析法与层次分析法相结合的方法对城乡经济协调发展水平进行综合评价。基本思路是，先运用主成分分析法对城乡经济协调发展评价指标体系进行检验及优化，然后运用层次分析法确定优化指标的权重及排序，并对城乡经济协调发展水平进行测度、评价、分析。实证分析表明，这种方法具有一定的合理性、科学性、可行性。

5 鄂州市城乡经济协调发展评价实证分析

本章运用第四章所讨论的评价方法对城乡经济协调发展评价实证分析，具体以鄂州市为例，探讨基于主成分分析法与层次分析法相结合的综合评价方法的城乡经济协调发展评价。基本思路是，首先运用主成分分析法对城乡经济协调发展评价指标体系进行检验及优化，然后运用层次分析法确定优化指标的权重及排序，并对城乡经济协调发展水平进行测度、评价及分析。

5.1　主成分分析法检验及优化指标体系

由第四章可知，主成分分析法是一种多元统计分析方法，可以通过降维技术把具有一定相关性的多个指标简化成少数几个综合指标。用这种方法进行多指标综合评价具有可减少指标选择工作量、科学优化指标体系等优点。下面，运用主成分分析法检验及优化城乡经济协调发展评价指标体系。

5.1.1　指标选取

根据第四章的讨论，本书选取 24 个指标作为城乡经济协调评价指标体系的基本指标：X_1 为人均 GDP，元；X_2 为人均财政收入，元；X_3 为 GDP 非农产业比例，%；X_4 为非农就业比例，%；X_5 为城镇化率，%；X_6 为城乡收入比，%；X_7 为城乡消费比，%；X_8 为城乡恩格尔系数比，%；X_9 为人均固定资产投入，元；X_{10} 为人均实际利用外资，美元；X_{11} 为人均社会消费品零售额，元；X_{12} 为人均出口额，美元；X_{13} 为科技三项费占财政支出比，%；X_{14} 为教育经费占 GDP 比，%；X_{15} 为环境投资 GDP 占比，%；X_{16} 为城乡劳动生产率比，%；X_{17} 为人均生活年用电量，度/人；X_{18}为人均公路里程，厘米/人；X_{19}为人口密度，人/平方公里；X_{20}为城乡人均储蓄比，% ；X_{21}为城乡自来水普及率比，% ；X_{22}为城乡卫生厕所普及率比，% ；X_{23}为城乡人均电话数比，% ；X_{24}为城乡居民户均电视机数比，% 。

5.1.2 样本数据及标准化

本书各项指标的原始数据来源于历年的《鄂州统计年鉴》。选取 2000～2008 年鄂州市城乡经济协调发展原始数据作为样本数据，样本数据如表 5-1 所示，标准化后的数据如表 5-2 所示。

表 5-1 城乡经济协调发展评价指标样本数据

指标 \ 年份	2000	2001	2002	2003	2004	2005	2006	2007	2008
X_1	8 572	9 472	10 283	11 451	12 769	14 322	16 367	20 263	26 142
X_2	615	681	747	837	1 029	1 296	1 615	2 034	2 453
X_3	83.1	83.2	82.3	82.4	82.9	83.9	85.1	84.7	84.6
X_4	56.8	58.0	60.1	63.7	64.9	65.5	62.9	65.3	65.9
X_5	43.5	44.8	46.2	47.5	48.8	50.1	51.6	54.1	59.1
X_6	45	44	42	41	43	43	42	41	42
X_7	38	42	37	45	43	42	43	39	36
X_8	94	68	81	79	78	85	87	82	78
X_9	2 617	2 904	3 199	3 693	4 334	5 376	7 005	10 195	14 536
X_{10}	29	39	44	48	56	27	62	76	87
X_{11}	3 600	3 947	4 294	4 727	5 338	6 053	6 958	8 212	10 164
X_{12}	48	44	52	47	53	51	72	95	87
X_{13}	0.7	0.5	0.9	1.1	0.9	0.8	0.6	1.2	1.0
X_{14}	1.1	1.1	1.0	1.1	1.0	1.3	1.3	1.7	1.7
X_{15}	0.8	0.4	1.2	2.2	2.0	1.4	1.4	2.2	1.8
X_{16}	27	28	32	38	38	36	30	34	35
X_{17}	128	142	155	169	175	208	244	249	277
X_{18}	78	170	170	169	177	193	252	255	258
X_{19}	643	648	651	657	661	665	668	671	673
X_{20}	37	29	16	17	17	12	17	23	21
X_{21}	56	58	61	86	56	58	64	79	81
X_{22}	70	71	72	69	49	58	62	65	68
X_{23}	53	71	71	54	77	58	52	80	100
X_{24}	69	67	71	78	67	67	81	77	86

表 5-2 主成分分析各项指标标准化数据

年份	X_1	X_2	X_3	X_4	X_5	X_6	X_7
2000	0.000	0.000	0.286	0.000	0.000	1.000	0.222
2001	0.051	0.036	0.321	0.132	0.083	0.750	0.667
2002	0.097	0.072	0.000	0.363	0.173	0.250	0.111
2003	0.164	0.121	0.036	0.758	0.256	0.000	1.000
2004	0.239	0.225	0.214	0.890	0.340	0.500	0.778
2005	0.328	0.371	0.571	0.956	0.424	0.500	0.667
2006	0.444	0.544	1.000	0.670	0.519	0.250	0.778
2008	0.665	0.772	0.857	0.934	0.680	0.000	0.333
2008	1.000	1.000	0.821	1.000	1.000	0.250	0.000

年份	X_8	X_9	X_{10}	X_{11}	X_{12}	X_{13}	X_{14}	X_{15}
2000	1.000	0.000	0.033	0.000	0.078	0.286	0.143	0.222
2001	0.000	0.024	0.200	0.053	0.000	0.000	0.143	0.000
2002	0.500	0.049	0.283	0.106	0.157	0.571	0.000	0.444
2003	0.423	0.090	0.35	0.172	0.059	0.857	0.143	1.000
2004	0.385	0.144	0.483	0.265	0.177	0.571	0.000	0.889
2005	0.654	0.232	0.000	0.374	0.1375	0.429	0.429	0.556
2006	0.731	0.368	0.583	0.512	0.549	0.143	0.429	0.556
2007	0.539	0.636	0.817	0.703	1.000	1.000	1.000	1.000
2008	0.385	1.000	1.000	1.000	0.843	0.714	1.000	0.778

年份	X_{16}	X_{17}	X_{18}	X_{19}	X_{20}	X_{21}	X_{22}	X_{23}	X_{24}
2000	0.000	0.000	0.000	0.000	1.000	0.000	0.913	0.021	0.105
2001	0.091	0.094	0.511	0.167	0.680	0.067	0.957	0.396	0.000
2002	0.455	0.181	0.511	0.267	0.160	0.167	1.000	0.396	0.211
2003	1.000	0.275	0.506	0.467	0.200	1.000	0.870	0.0417	0.579
2004	1.000	0.315	0.550	0.600	0.200	0.000	0.000	0.521	0.000
2005	0.818	0.537	0.639	0.733	0.000	0.067	0.391	0.125	0.000
2006	0.273	0.779	0.967	0.833	0.200	0.267	0.565	0.000	0.737
2007	0.636	0.812	0.983	0.933	0.440	0.767	0.696	0.583	0.526
2008	0.727	1.000	1.000	1.000	0.360	0.833	0.826	1.000	1.000

5.1.3 方差贡献分析验证初选指标的合理性

采用 SPSS14.0 系统软件作为分析工具，得到了方差贡献分析表（表 5-3）。选取主成分原则是特征值大于 1 或累积贡献率大于 85%。从表 5-3 可以看出，前 5 个成分的特征值大于 1，且方差累积贡献率达到 94.369%，因此可用这 5 个成分来替代原来的 24 个指标，同时也证明初选指标具有一定的合理性。

表 5-3 方差贡献分析表

成分	初始特征值			因子析取结果		
	特征值	方差贡献率%	累计贡献率%	特征值	方差贡献率%	累计贡献率%
1	14.106	58.776	58.776	14.106	58.776	58.776
2	3.693	15.387	74.163	3.693	15.387	74.163
3	2.111	8.796	82.959	2.111	8.796	82.959
4	1.504	6.268	89.227	1.504	6.268	89.227
5	1.234	5.142	94.369	1.234	5.142	94.369
6	0.623	2.598	96.967			
7	0.380	1.584	98.551			
8	0.348	1.449	100.000			

5.1.4 优化指标体系

采用最大变异法对因子进行旋转，得到旋转后的主成分负载矩阵（表 5-4）。主成分在具体指标上的负载绝对值代表该指标与主成分的相关关系，可认为当负载绝对值小于 0.7 时，相关性小，该指标可剔除。

表 5-4 旋转后的主成分负载矩阵

指标	主成分				
	1	2	3	4	5
X_1	0.930	0.271	-0.040	0.193	0.092
X_2	0.961	0.224	-0.056	0.139	0.023

续表

指标	主成分				
	1	2	3	4	5
X_3	0.932	−0.220	−0.074	−0.127	−0.195
X_4	0.589	0.740	−0.444	−0.148	0.084
X_5	0.917	0.327	−0.107	0.114	0.107
X_6	−0.428	−0.759	−0.204	0.300	−0.145
X_7	−0.284	0.134	−0.233	−0.831	0.080
X_8	0.026	−0.041	−0.041	0.080	−0.981
X_9	0.924	0.229	0.030	0.262	0.089
X_{10}	0.794	0.352	0.128	0.173	0.248
X_{11}	0.945	0.263	−0.070	0.144	0.065
X_{12}	0.901	0.223	0.097	0.218	−0.065
X_{13}	0.200	0.916	0.066	0.280	−0.045
X_{14}	0.901	0.160	0.117	0.220	−0.053
X_{15}	0.338	0.894	−0.175	−0.069	−0.073
X_{16}	0.081	0.850	−0.437	−0.112	0.186
X_{17}	0.959	0.246	−0.098	−0.065	−0.007
X_{18}	0.876	0.230	−0.063	−0.238	0.277
X_{19}	0.865	0.387	−0.275	−0.152	0.040
X_{20}	−0.178	−0.522	0.425	0.476	−0.180
X_{21}	0.438	0.702	0.511	−0.049	0.099
X_{22}	−0.106	−0.159	0.921	0.192	0.060
X_{23}	0.498	0.183	−0.089	0.616	0.571
X_{24}	0.745	0.331	0.457	−0.079	−0.036

从表 5-4 可以看出，剔除表 5-4 中负载绝对值小于 0.7 的城乡人均储蓄比（X_{20}）、城乡人均电话数比（X_{23}）后，得到包含 22 个指标的新的优化指标体系。其中，规模性指标包括人均 GDP（Y_1）、人均财政收入（Y_2）、GDP 非农产业比例（Y_3）、非农就业比例（Y_4）、城镇化率（Y_5）、城乡收入比（Y_6）、城乡消费

比（Y_7）、城乡恩格尔系数比（Y_8）；结构性指标包括人均固定资产投入（Y_9）、人均实际利用外资（Y_{10}）、人均社会消费品零售额（Y_{11}）、人均出口额（Y_{12}）、科技三项费占财政支出比（Y_{13}）、教育经费占 GDP 比（Y_{14}）、环境投资 GDP 占比（Y_{15}）、城乡劳动生产率比（Y_{16}）；功能性指标包括人均生活年用电量（Y_{17}）、人均公路里程（Y_{18}）、人口密度（Y_{19}）、城乡自来水普及率比（Y_{20}）、城乡卫生厕所普及率比（Y_{21}）、城乡居民户均电视机数比（Y_{22}）。

优化后的指标体系更具有合理性，体现了"又好又快"的科学发展观内涵，突出了城乡经济协调发展主题，优化了城乡经济协调发展规模、结构、功能指标，设计了 7 项城乡经济对比指标，一定程度上解决了目前定量评价研究中存在的重城乡个体规模指标、轻城乡对比结构指标，重城乡对比结构指标、轻总体规模指标或指标重复、交叉等问题，体现了规模、结构、功能的有机结合，可以比较全面、准确地把握城乡经济协调发展水平。

5.2 层次分析法确定权重及排序

由第四章可知，层次分析法可以将决策过程中的定性和定量因素有机结合起来，把复杂系统决策思维层次化，通过建立判断矩阵、一致性检验、综合计算排序后得到最终评价结果（Saaty，1980）。下面在上述优化指标体系的基础上，利用层次分析法确定权重及排序。

5.2.1 建立判断矩阵

根据 Saaty（1980）的九级标度法，在征询国务院发展研究中心、中国社会科学院、中国农业科学院、华中农业大学、华中科技大学、湖北省社会科学院等单位相关专家意见基础上，通过综合分析，确定每个指标的相对重要性，建立比较矩阵并转化为判断矩阵。准则层判断矩阵如表 5-5 所示，指标层判断矩阵分别如表 5-6、表 5-7、表 5-8 所示。

表 5-5   准则层判断矩阵

目标层	规模性指标	结构性指标	功能性指标
规模性指标	1	3	5
结构性指标	1/3	1	2
功能性指标	1/5	1/2	1

表 5-6   指标层–规模性指标（Ⅰ）判断矩阵

Ⅰ	Y_1	Y_2	Y_3	Y_4	Y_5	Y_6	Y_7	Y_8
Y_1	1	2	5	3	2	1	2	1
Y_2	1/2	1	3	2	1	1/2	1	1/2
Y_3	1/5	1/3	1	2	1/3	1/5	1/3	1/2
Y_4	1/3	1/2	1/2	1	1/2	1/3	1/2	1/3
Y_5	1/2	1	3	2	1	1/2	1	1/2
Y_6	1	2	5	3	2	1	2	1
Y_7	1/2	1	3	2	1	1/2	1	1/2
Y_8	1	2	2	3	2	1	2	1

表 5-7   指标层–结构性指标（Ⅱ）判断矩阵

Ⅱ	Y_9	Y_{10}	Y_{11}	Y_{12}	Y_{13}	Y_{14}	Y_{15}	Y_{16}
Y_9	1	3	1	3	1/2	1	1	1/4
Y_{10}	1/3	1	1/3	1	1/5	1/3	1/3	1/5
Y_{11}	1	3	1	3	1/2	1	1	1/4
Y_{12}	1/3	1	1/3	1	1/5	1/3	1/3	1/5
Y_{13}	2	5	2	5	1	2	2	1
Y_{14}	1	3	1	3	1/2	1	1	1/4
Y_{15}	1	3	1	3	1/2	1	1	1/4
Y_{16}	4	5	4	5	1	4	4	1

表 5-8　指标层–功能性指标（Ⅲ）判断矩阵

Ⅲ	Y_{17}	Y_{18}	Y_{19}	Y_{20}	Y_{21}	Y_{22}
Y_{17}	1	2	1	1/2	1/2	1
Y_{18}	1/2	1	1/2	1/4	1/4	1/2
Y_{19}	1	1/2	1	1/2	1/2	1
Y_{20}	2	4	2	1	1	2
Y_{21}	2	4	2	1	1	2
Y_{22}	1	2	1	1/2	1/2	1

5.2.2　对判断矩阵进行一致性检验

从表 5-9 可以看出，各层一致性检验通过。

表 5-9　一致性检验结果

项目	CI	RI	CR		λ_{max}		一致性
	判断值	判断值	判断值	标准值	判断值	标准值	检验结果
准则层	0.002	0.580	0.003	0.100	3.004	3.116	通过
规模层	0.029	1.410	0.021	0.100	8.206	8.590	通过
结构层	0.019	1.410	0.013	0.100	8.131	8.590	通过
功能层	0.000	1.240	0.000	0.100	6.000	6.220	通过

5.2.3　对优化指标原始数据进行标准化处理

采用向量规范化方法对原始数据进行标准化处理，结果如表 5-10 所示。

表 5-10　原始数据进行标准化

指标 \ 年份	2000	2001	2002	2003	2004	2005	2006	2007	2008
Y_1	0.186	0.205	0.223	0.248	0.277	0.310	0.355	0.439	0.566
Y_2	0.147	0.162	0.178	0.200	0.245	0.309	0.385	0.485	0.585

年份 指标	2000	2001	2002	2003	2004	2005	2006	2007	2008
Y_3	0.331	0.332	0.328	0.329	0.331	0.335	0.339	0.338	0.337
Y_4	0.302	0.309	0.320	0.339	0.345	0.348	0.335	0.347	0.351
Y_5	0.292	0.300	0.310	0.318	0.327	0.336	0.346	0.363	0.396
Y_6	0.352	0.344	0.329	0.321	0.337	0.337	0.329	0.321	0.329
Y_7	0.312	0.344	0.303	0.369	0.352	0.344	0.352	0.320	0.295
Y_8	0.384	0.278	0.331	0.323	0.319	0.347	0.355	0.335	0.319
Y_9	0.123	0.137	0.151	0.174	0.204	0.253	0.330	0.480	0.684
Y_{10}	0.174	0.235	0.265	0.289	0.337	0.162	0.373	0.457	0.523
Y_{11}	0.191	0.210	0.228	0.251	0.284	0.322	0.370	0.437	0.541
Y_{12}	0.252	0.231	0.273	0.247	0.278	0.268	0.378	0.498	0.456
Y_{13}	0.264	0.189	0.340	0.415	0.340	0.302	0.227	0.453	0.378
Y_{14}	0.286	0.286	0.260	0.286	0.260	0.338	0.338	0.442	0.442
Y_{15}	0.167	0.083	0.250	0.458	0.416	0.291	0.291	0.458	0.375
Y_{16}	0.270	0.280	0.320	0.380	0.380	0.360	0.300	0.340	0.350
Y_{17}	0.213	0.236	0.258	0.281	0.291	0.346	0.406	0.414	0.461
Y_{18}	0.131	0.285	0.285	0.283	0.297	0.323	0.422	0.427	0.432
Y_{19}	0.325	0.327	0.329	0.332	0.334	0.336	0.338	0.339	0.340
Y_{20}	0.277	0.286	0.301	0.425	0.277	0.286	0.316	0.390	0.400
Y_{21}	0.357	0.363	0.368	0.352	0.250	0.296	0.317	0.332	0.347
Y_{22}	0.311	0.302	0.320	0.352	0.302	0.302	0.365	0.347	0.388

5.2.4 计算各指标得分

各指标得分等于各指标权重乘以各指标原始数据标准化结果（表5-11）。

表 5-11 鄂州市城乡经济协调发展各指标的权重与得分

指标	权重	2000 年	2001 年	2002 年	2003 年	2004 年	2005 年	2006 年	2007 年	2008 年
Y_1	0.201	0.037	0.041	0.045	0.050	0.056	0.062	0.071	0.088	0.114
Y_2	0.106	0.016	0.017	0.019	0.021	0.026	0.033	0.041	0.051	0.062
Y_3	0.049	0.016	0.016	0.016	0.016	0.016	0.016	0.017	0.017	0.017
Y_4	0.052	0.016	0.016	0.017	0.018	0.018	0.018	0.017	0.018	0.018
Y_5	0.106	0.031	0.032	0.033	0.034	0.035	0.036	0.037	0.038	0.042
Y_6	0.201	0.071	0.069	0.066	0.065	0.068	0.068	0.066	0.065	0.066
Y_7	0.106	0.033	0.036	0.032	0.039	0.037	0.036	0.037	0.034	0.031
Y_8	0.179	0.069	0.050	0.059	0.058	0.057	0.062	0.064	0.060	0.057
规模性指标	0.648	0.288	0.278	0.287	0.300	0.313	0.332	0.350	0.371	0.407
Y_9	0.102	0.013	0.014	0.015	0.018	0.021	0.026	0.034	0.049	0.070
Y_{10}	0.039	0.007	0.009	0.010	0.011	0.013	0.006	0.015	0.018	0.020
Y_{11}	0.102	0.019	0.021	0.023	0.026	0.029	0.033	0.038	0.045	0.055
Y_{12}	0.039	0.010	0.009	0.011	0.010	0.011	0.010	0.015	0.019	0.018
Y_{13}	0.213	0.056	0.040	0.072	0.088	0.072	0.064	0.048	0.096	0.081
Y_{14}	0.102	0.029	0.029	0.027	0.029	0.027	0.034	0.034	0.045	0.045
Y_{15}	0.102	0.017	0.008	0.026	0.047	0.042	0.030	0.030	0.047	0.038
Y_{16}	0.301	0.081	0.084	0.096	0.114	0.114	0.108	0.090	0.102	0.105
结构性指标	0.230	0.232	0.216	0.280	0.343	0.330	0.312	0.303	0.421	0.432
Y_{17}	0.133	0.028	0.031	0.034	0.037	0.039	0.046	0.054	0.055	0.061
Y_{18}	0.067	0.009	0.019	0.019	0.019	0.020	0.022	0.028	0.029	0.029
Y_{19}	0.133	0.043	0.043	0.044	0.044	0.044	0.045	0.045	0.045	0.045
Y_{20}	0.267	0.074	0.076	0.080	0.113	0.074	0.076	0.084	0.104	0.107
Y_{21}	0.267	0.095	0.097	0.098	0.094	0.067	0.079	0.085	0.089	0.093
Y_{22}	0.133	0.041	0.040	0.043	0.047	0.040	0.040	0.049	0.046	0.052
功能性指标	0.122	0.291	0.307	0.318	0.355	0.284	0.308	0.345	0.368	0.387

5.2.5 计算综合得分

指标层年度综合得分等于该指标的权重与得分之积，城乡经济协调发展水平年度综合得分等于各指标层年度综合得分之和。各项综合得分如表 5-12 及图 5-1、图 5-2 所示。

表 5-12 鄂州市城乡经济协调发展水平综合得分及排名

指标	权重	2000 年	2001 年	2002 年	2003 年	2004 年	2005 年	2006 年	2007 年	2008 年
规模性指标	0.648	0.187	0.180	0.186	0.194	0.203	0.215	0.227	0.240	0.264
结构性指标	0.230	0.053	0.050	0.064	0.079	0.076	0.072	0.070	0.097	0.099
功能性指标	0.122	0.036	0.037	0.039	0.043	0.035	0.038	0.042	0.045	0.047
综合得分		0.276	0.267	0.289	0.316	0.314	0.325	0.339	0.382	0.410
综合排名		8	9	7	5	6	4	3	2	1

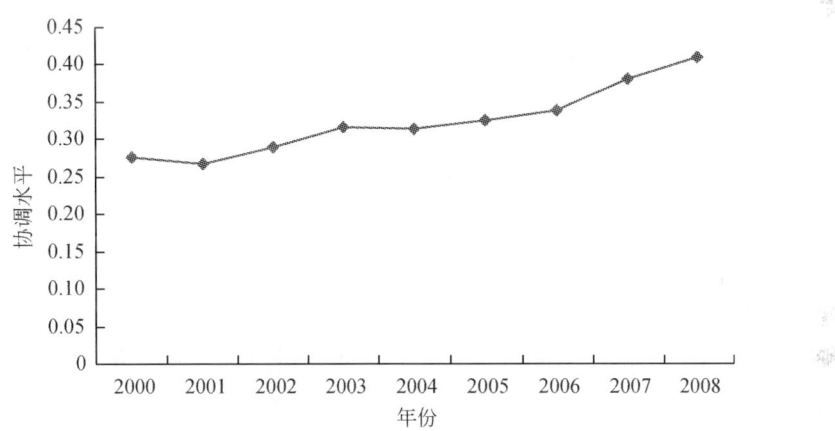

图 5-1 鄂州市城乡经济协调发展走势图（1）

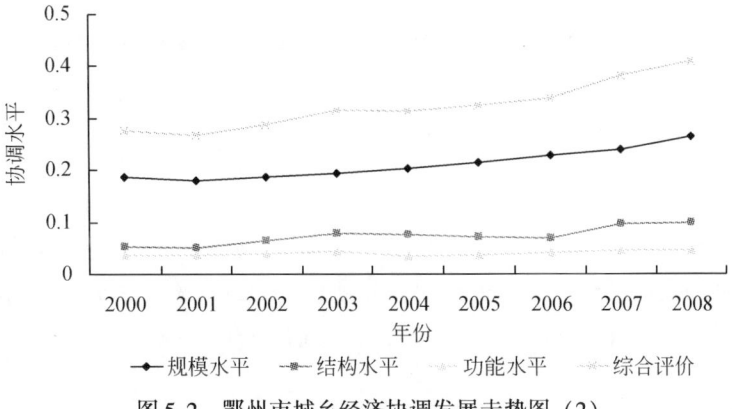

图 5-2 鄂州市城乡经济协调发展走势图（2）

5.3 结果评价与分析

5.3.1 城乡经济协调发展态势

鄂州市城乡经济协调水平总体上处于上升状态，这与实际情况比较吻合。鄂州市从 2001 年开始实施城镇化战略，2008 年被湖北省委、省政府确定为全省城乡一体化试点城市，这种以政府为主导的城乡经济协调发展模式有力地促进了城乡经济协调发展。但这期间出现了两次波动，说明鄂州市城乡经济发展过程中还存在不稳定因素。从表 5-12、图 5-1、图 5-2 可以看出，2000～2001 年、2003～2004 年出现下滑，2001～2003 年、2004～2008 出现回升。2000～2008 年间出现了两个拐点：2001 年的拐点、2004 年的拐点。2000～2001 年出现下滑的原因主要是由规模性指标下降引起的。其主要原因是城乡恩格尔系数比从 0.94 大幅下降到 0.68，城乡居民收入水平、生活质量水平差异拉大。2001 年以后，城乡经济协调水平回升主要是得益于实施城镇化战略带来的积极效应。2003～2004 年出现下滑的原因主要是由结构性指标和功能性指标两个子系统出现失调引起的。结构性指标、功能性指标的分值分别从 2003 年的 0.079、0.043 下滑到 2004 年的 0.076、0.035。其主要原因是 2004 年科技三项费占财政支出比、教育经费占 GDP 比、环境投资 GDP 占比分别比 2003 年下降 0.2、0.1、0.2 个百分点。2004 年以后，城乡经济协调水平回升主要是得益于规模性指标的增加。

5.3.2 城乡经济协调发展等级及阶段

城乡经济协调水平的取值范围在 0 与 1 之间。取值越大，协调水平越高，取值越小，协调水平越低。城乡经济协调发展水平等级与阶段划分如表 5-13 所示，2000～2008 年鄂州市城乡经济协调发展情况判断如表 5-14 所示。

表 5-13 城乡经济协调发展水平、等级与阶段划分

协调水平	0 ~ 0.3	0.3 ~ 0.5	0.5 ~ 0.7	0.7 ~ 1.0
协调等级	失调	初步协调	基本协调	协调
协调阶段	起步协调阶段	加速协调阶段	基本协调阶段	实现协调阶段

表 5-14 鄂州市城乡经济协调发展情况判断

年份	2000	2001	2002	2003	2004	2005	2006	2007	2008
协调水平	0.276	0.267	0.289	0.316	0.314	0.325	0.339	0.382	0.410
协调等级	失调			初步协调					
协调阶段	起步协调阶段			加速协调阶段					

从表 5-13、表 5-14、图 5-2 可以看出:2000 ~ 2008 年,协调水平小于 0.5,其中 2000 ~ 2002 年处于失调状态,2003 ~ 2008 年则处于初步协调状态。鄂州市城乡经济协调水平不高的主要原因是:从规模性指标来看,城乡收入、消费水平差距太大。2000 ~ 2008 年间,城乡收入比为 0.41 ~ 0.45,即农村居民人均收入水平只有城镇居民的 41% ~ 45%。城乡消费水平比值为 0.36 ~ 0.45,即农村居民人均消费水平只为城镇居民的 36% ~ 45%。从结构性指标来看,城乡劳动生产率比、政府在城乡科技等方面投入太低。2000 ~ 2008 年农村劳动生产率只有城镇劳动生产率的 27% ~ 38%,财政支出用于科技三项费用为 0.5% ~ 1.2%。从功能性指标来看,城乡自来水普及率、城乡卫生厕所普及率、城乡居民户均电视机数有一定差距。2000 ~ 2008 年城乡自来水普及率比、城乡卫生厕所普及率比、城乡居民户均电视机数比分别仅为 0.56 ~ 0.81、0.49 ~ 0.72、0.67 ~ 0.86。

5.3.3 城乡经济协调发展影响因素集中度

城乡经济协调发展的影响因素主要集中在人均 GDP、城乡收入比、城乡恩格尔系数比、人均财政收入、城镇化率、城乡劳动生产率比、城乡消费比、科技三项费占财政支出比、非农就业比重、城乡自来水普及率比、城乡卫生厕所普及率

比 11 项指标上，其权重之和占比高达 80% 。其中人均 GDP、城乡收入比权重各为 13% ，是单项中影响力最大的两项指标。这说明这十一个方面是鄂州市提高城乡经济协调水平的主要着力点。

5.3.4　城乡经济协调发展与城镇化

运用 Pearson 相关性分析，得出城乡经济协调水平与城镇化率极显著正相关（0.981，P<0.001）。2001～2008 年鄂州市的城镇化率从 44.8% 上升到 59.1% ，增长了 14.3 个百分点。与此同时，城乡经济协调水平也得到同步提高，从 0.267 上升到 0.410，也增长了 14.3 个百分点。这说明鄂州市实施的城镇化战略是提高城乡经济协调水平的主战略。理论上讲，城镇化有着非常重要的意义。2000 年 7 月美国诺贝尔经济奖获得者斯蒂格利茨在世界银行中国代表处说过，21 世纪初期影响最大的世界性事件，除了美国的高科技以外就是中国的城市化（吴良镛，2002）。实际上看，鄂州市城镇化对城乡经济协调发展的影响可以看做是中国城镇化影响的缩影，鄂州市城镇化在促进城乡产业分工与合作、提供服务业发展载体、引发技术创新、刺激消费及投资需求、推动区域协调发展等方面对城乡经济协调发展产生了多方面的积极效应。

5.3.5　城乡经济协调发展评价结论

以上构建了一套城乡经济协调发展评价指标体系，尝试性地运用主成分分析法对指标体系进行优化，然后运用层次分析法确定优化指标的权重，并以鄂州市为例对城乡经济协调发展水平进行了测度，使城乡经济协调发展水平这个相对主观、模糊的概念趋于清晰，初步克服了现有评价方法的不足，增强了评价的客观性、科学性。结果显示，2000～2008 年鄂州市城乡经济协调水平总体上处于初步协调、加速协调阶段；影响城乡经济协调水平的主要因素是人均 GDP、城乡收入比、城乡恩格尔系数比等 11 项指标；鄂州市城乡经济协调水平与城镇化率相关性较强。这说明鄂州市城乡经济协调发展水平与鄂州市城乡经济协调发展模式相关性较强。评价结果比较符合鄂州市实际，有利于科学认识城乡经济协调发展水平，从而进一步有针对性地采取措施提高城乡经济协调发展水平，推进城乡一体化发展。鄂州市要进一步优化城乡经济协调发展模式，在继续保持经济规模快速发展的同时，协调推进城镇化、工业化、农业现代化、高新化、生态化，大力推进城乡公共品和服务均等化，切实提高城乡居民生活质量和水平。

6　鄂州市城乡经济协调发展的模式选择

从理论上而言，发展模式不是固定不变的，在不同地区、不同发展阶段有所不同。城乡经济协调发展模式是一个区域在一定时期城乡经济系统协调发展战略、政策、制度的总和。在一定程度上，城乡经济协调发展模式决定着城乡经济协调发展水平。城乡经济发展协调模式选择问题是发展中国家或地区在城乡一体化进程中必须正视的问题。探讨城乡经济协调发展模式选择问题，对正确把握城乡经济协调发展模式、促进城乡经济协调发展具有重要的理论和实践意义。

6.1　城乡经济协调发展模式类型及特征

依据同质事物的差异性分类标准，结合国内外城乡经济协调发展实践经验，城乡经济协调发展模式可以用三种相对独立的分类方法进行划分：一是依据组织作用的强弱度划分，城乡经济协调发展模式大体上可分为三种动力模式，即自组织模式、他组织模式和二元组织模式；二是依据资源在城乡之间配置的偏向度划分，城乡经济协调发展模式大体上可以分为三种政策模式，即城市偏向型模式、农村偏向型模式和城乡均衡型模式；三是依据组织作用的强弱度和资源在城乡之间配置的偏向度划分，城乡经济协调发展模式大体上可以分为九种复合模式，即自组织城市偏向型模式、城乡均衡型模式、农村偏向型模式、他组织城市偏向型模式、城乡均衡型模式、农村偏向型模式、二元组织城市偏向型模式、城乡均衡型模式、农村偏向型模式。由于复合模式具有更为重要的理论和实践意义，本章将对其进行重点分析与讨论。

6.1.1 动力模式

城乡经济系统是复杂的巨系统，推动城乡经济系统有序演化、协调发展的动力是政府等他组织和市场等自组织。在城乡经济协调发展过程中，两种动力的作用不是等量齐观的。依据其发挥主导作用的强弱度划分，城乡经济协调发展模式大体上可分为三种动力模式：自组织模式、他组织模式和二元组织模式（表6-1）。

表 6-1　城乡经济协调发展动力模式比较

类别	自组织模式	他组织模式	二元组织模式
协调主体	自组织	他组织	自组织+他组织
协调内容	城乡经济关系	城乡经济关系	城乡经济关系
协调目标	城乡经济协调发展	城乡经济协调发展	城乡经济协调发展
典型案例	温州市	苏州市	佛山市

6.1.1.1 他组织模式

他组织模式的特点是政府等他组织在城乡经济协调发展过程中起主导作用。政府通过制定实施战略、制度、政策等手段对企业直接产生影响力，从而促进城乡经济协调发展。在这种模式中，政府、市场、企业三者之间的关系突出强调政府的主导作用，政府协调的重点偏重于企业，政府这只"看得见的手"对企业行为选择具有直接影响。市场的基础性作用在政府的协调下有一定程度的发挥，但是与政府的作用相比，其中介地位并不明显，如以苏州市为代表的苏南地区基本上采用此模式。

苏州市地处长江三角洲地区，辖5个县级市、7个区、61个镇、32个街道办事处、1 149个行政村、803个社区居委会，2008年年末全市户籍总人口633.29万人。改革开放以来，苏州市充分发挥政府主导作用，着力推进城乡经济协调发展，城乡经济快速发展，城乡差距不断缩小。2009年，人均GDP为122 219元，城乡收入比为2.03，城市化水平为66.3%。

历史上苏州市资金、技术、人才等资源匮乏，在城乡经济发展历程中，乡镇企业曾占据苏州市经济三分天下，但发展到后期边际效益呈递减趋势，生产经营陷入困境，同时外向型经济也在快速增长中显现出外资企业技术溢出效应小和国有企业、民营企业自主创新能力弱等问题，城乡经济发展很不顺利。面对发展困境，苏州市政府往往会理性地承担起主导经济发展的重任（黄捷，2005）。

1）牢牢把握城乡经济发展战略方向。20世纪80年代，政府强力支持乡镇企业发展，促进了农村经济快速发展；20世纪90年代，政府及时发展外向型经济，促进了产品质量的提高和产业结构的升级，使20世纪90年代苏州市经济年均增长速度高达23.57%，远远高于全国平均水平，甚至超出当时的亚洲四小龙，中新两国合作开发的苏州市高新区和苏州市工业园作为与世界经济接轨的成功典范，成为带动苏州市高新科技产业发展的龙头；21世纪以来，针对城乡经济发展特点，提出"两个率先"、"富民强市"的战略目标，着力推进民营经济、外向型经济及知识经济协调发展，城乡经济协调发展水平不断提高。

2）全力营造城乡经济发展环境。政府通过提出建设诚信苏州、绿色苏州、数字苏州、法治苏州、文化苏州战略，着力营造亲商、亲民环境，使苏州市成为"最适合人居城市"、"中国最具经济活力的城市"及"全国卫生文明城市"。同时，政府不遗余力帮助企业排忧解难，及时出台招商引资、科技合作等方面优惠政策，主办洽谈会、交易会、行业沙龙活动，为企业发展搭建平台，推动企业与国内外的各级政府组织、高校、科研院所、大企业及社会投资主体合作。

3）严格规范政府行为。力求政府行政行为与市场机制协调一致，既维护了经济主体间的平等竞争规则，又发挥了政府整合资源的作用。例如，政府在推动城乡企业改制完成后，企业走上了自主经营、自我发展的道路，政府对这些企业，尤其是民营企业不再直接投入，而是鼓励城乡企业通过社会风险投资公司对其进行引导性的投资入股，用以吸引国内外社会力量参与；或把政府财政资金投入到科技含量高、共享性强、符合城乡经济发展战略的非营利性的公共技术服务平台、信息平台，以及发展势头良好的科技园、创业园等项目建设上，支持前期发展，而且到一定阶段适时退出，以此促进城乡企业创新活动及企业间的协作。

4）创造性地发展县域经济。多年来，苏州市政府强力推进"行政力扩张"，大胆下放权力，充分尊重各县（市）的创新精神及自主权，鼓励各区域在全市城乡经济发展战略总体框架下开展高强度的"县际竞争"（张五常，2009），各大板块之间形成了八仙过海、各显神通的良性竞争局面，产生了"张家港精神"、"昆山之路"等"苏州经验"，有力促进了城乡经济协调发展，在全国树立了榜样。2009年全国百强县综合实力排名榜中，苏州市下辖的昆山、张家港、常熟、吴江、太仓五个县（市）均位居前列，分别为第2、第3、第4、第6、第13名。

6.1.1.2　自组织模式

自组织模式的特点是市场等自组织在城乡经济协调发展过程中起主导作用。企业根据市场原则自主决定行为方式，通过市场机制形成企业间的相互关系，从而促进城乡经济协调发展。在这种模式中，政府、市场、企业三者之间的关系突出强调企业作为微观经济主体的自主性及有效性。政府虽然对企业行为有一定的干预，但多以间接干预为主，主要采取与市场相容的手段及方法，把政府干预的意图转化为市场信号，从而对企业行为产生间接影响。而企业则主要与市场发生直接联系，根据市场机制及市场信号来调整自己的行为。市场作为政府与企业的中介在协调城乡经济关系中发挥重要作用，如温州市就是采用此模式的典型。

温州市位于浙江省东南部，辖3个区、2个市、6个县，有119个镇、143个乡，30个街道办事处、5 406个村委会、511个居委会，2008年年末全市户籍总人口771.99万人。改革开放以来，在缺乏国家投资的背景下，温州市充分尊重和发挥民众的首创精神，利用市场化、民营化推动工业化、城镇化，城乡差距不断缩小，实现了城乡经济协调发展。2009年，人均GDP为32 595元，城乡收入比为2.77，城市化水平为60.7%。

历史上温州市交通区位劣势明显，人多地少，传统农业欠发达，但手工业及商业却相对发达，温州市区域文化中的功利色彩较重。新中国成立以来，以计划经济为主要色彩的他组织模式，使温州地方政府能够利用的经济资源非常有限，既无优惠的政策优势，又无发达的集体经济，因而人们很少对政府及集体有期许，只得寻求一种制度外的力量——民营经济来弥补，自组织模式也就成为温州市城乡经济发展的必然选择。

1）推进农村城镇化。温州市在小城镇建设中注重发挥市场的基础性作用，鼓励、支持各种经济成分参与城镇化建设。1992 年以来，温州市在基础设施投资中政府预算内资金占比不到 4%，民间集资成为城镇建设资金的主要来源（徐旭和张殿发，2004）。被受关注的龙港镇就是依靠民资建设的典型。20 世纪 80 年代初期，该镇还是一片荒凉的港湾，产值不过千万元，人口不足 8000 人。1984 ~ 1990 年该镇主要依靠民间力量投入建镇资金超过 9 亿元（其中，农民集资占 95%，国家投入占 5%），到 2006 年建镇区面积达到 7 平方公里，常住人口达到 10 万人，实现生产总值 69.7 亿元，经济实力在全国乡镇排名第 17 位，并被称为中国"第一农民城"。小城镇的快速发展吸引了大批农村工业企业向城镇集中，使城镇工业、商业得到迅速发展，与此同时，农村经济以分工协作为基础，形成了"一乡一品、一村一品"特征。产业集群化发展是温州市城镇化的突出特征，几乎每一个经济强镇都形成了产业集群，如柳市的低压电器、金乡的商标制品、龙港的再生毛毯、鳌江的建筑机械、桥头的纽扣、肖江的塑编、欧北的阀门、塘下的汽摩配、水头的制革等。这些产业集群通过分工协作，以小城镇为依托，取得了"地区规模经济"效益及"零部件规模经济"效益，形成了强大的市场竞争力，在国内乃至国际市场上都占有较大的份额，有力地推动了城乡经济协调发展（谢健，2004）。

2）推进农业产业化。优化农业生产结构，积极引导农民开发林、茶、果、牧，开展沿海岛屿捕捞及水产养殖，发展蔬菜及肉禽蛋等。鼓励农业适度规模经营，按照稳定家庭承包权、明确集体所有权及搞活土地使用经营权的"三权分离、稳制活田"的原则，建立完善土地使用权流转机制，通过采取集中招标转包、有偿转让及股份合作制等形式，推进土地向农业生产经营能人手中集中，使家庭农场、种粮大户及股份合作农场逐步发展为农业生产经营主体。通过推进农业产业化，温州市涌现出 1500 多家具有一定规模的龙头企业，546 家具有较强带动力的龙头企业，建立了各类农村专业合作组织 201 家，形成了 22 万个专业户、1800 多个专业村及 60 个专业乡（镇），这些生产经营主体在农业、农村经济发展过程中发挥了较好的示范、骨干及主导作用（谢小荣，1999）。

3）推进农村工业化。改革开放之初，温州市把现代市场文明与传统商贾文化结合起来，大力发展私营经济、家庭工业及股份合作等民营经济，走出了块状产业、专业市场及小城镇建设相互促进的县域经济发展之路。以农村为腹地、以集镇为纽带的农村工业化，为吸纳农村剩余劳动力创造了有利条件，促进了农民致富和农村经济繁荣。到 20 世纪 80 年代中后期，温州市农村工业、服务业就已吸收剩余劳动力 80 余万人（戴振韬，2000）。2003 年在温州市 146 个建制镇中，有 30 多个特色产业产值超过 10 亿元，在全市经济总量中占比 70% 以上，乡镇企业从业人员在农村劳动力中占比 60% 左右；农民家庭经营收入中，第一、第二、第三产业分别占比 25%、28%、47%。农民从乡镇企业获得的工资收入在农民纯收入中占比 80% 左右（任柏强等，2005）。增加非农收入不仅成为温州市农民收入增长的主要来源，而且成为促进温州市城乡经济协调发展的有效途径。

4）推进城乡公共服务及基础设施均等化。在农村社会保障体系建设方面，1992 年温州市在全国率先开征地方养老保险基金，推行城乡一体化的基本养老保险，建立了较为完善的农村社会保障体系。在农村公共设施建设方面，以改水、改路、改线、改厕及垃圾集中处理为重点，大力推进村庄环境整治，同时加强农村供电网、饮水网、交通网等基础设施建设，高标准建设了一批布局合理、设施配套、环境优美的农村新社区（黄水木，2007）。

6.1.1.3　二元组织模式

二元组织模式的特点是他组织与自组织在城乡经济协调发展过程中有机结合、协同作用。政府建立完善市场体系，通过市场引导企业，同时兼顾社会目标的实现，从而推进城乡经济协调发展。在这种模式中，政府、市场、企业三者之间的关系突出强调政府协调主要是为市场提供服务，政府通过为市场提供按其内在规律运行地自由而有效的保证，促使企业能够在市场中获得充分的选择和较高的效率，这与自组织模式强调企业自主权和他组织模式强调政府直接干预有所差别。很显然，这一模式不仅强调自由原则在协调城乡经济关系中的作用，而且还特别强调社会均衡原则的作用，并试图把两个原则有机结合起来，从而共同促进城乡经济协调发展，如以佛山市为代表的珠江三角洲地区基本上采用此模式。

佛山市地处珠江三角洲腹地，辖5个县级区，市域面积3 848.49平方公里，户籍人口367.63万人。改革开放以来，佛山市注重发挥政府和市场的二元双重作用，有效推进了城乡经济协调发展。2009年，人均GDP为80 579元，城乡收入比为2.30，城市化水平为66%。

历史上佛山市是工商业发达、商贾云集的岭南重镇，与汉口、朱仙镇、景德镇并称为全国"四大名镇"。2002年12月，经国务院批准，佛山市进行了行政区划调整，实行市辖顺德、禅城、高明、南海及三水五个区的行政管理体制，市区面积从77平方公里扩容到3 800多平方公里，使佛山市由一个原来在全国市区面积最小的地级市，变成市区面积在全国第六的城市。其推进城乡经济协调发展的主要做法有以下三点。

1）推进城乡规划协调布局。佛山建立新市后，按照"2+5"组团的城市布局（建设2个100万人口和5个30万～50万人口的新城区）对全市城乡进行整体布局规划，推动城市组团式发展。

2）推进城乡产业协调发展。一方面，整合城乡优势产业资源，重点发展26个专业镇、7大工业园区及若干个专业市场，推进家电、纺织、陶瓷、光机电一体化、金属材料加工、汽配等产业做大做强。另一方面，根据区域比较优势及分工协作的要求，在主城区大力发展总部经济，建成集仓储、物流、配送及房地产于一体的第三产业集聚地，提高中心城区的产业层次。与此同时，着力推进工业基础较好的顺德、禅城、南海向工业基础较弱的高明、三水等区转移产业，促进区域城乡产业协调发展。这些措施的实施，提升了东南部地区产业集群的竞争力，促进了西北部地区园区经济、生态经济的发展，培育了"乐从家具"、"石湾陶瓷"、"陈村花卉"、"盐步内衣"等一批特色优势产业集群，为城乡经济协调发展打下了坚实基础（邹锡兰和谈佳隆，2006）。

3）推进城乡制度均等化。首先，改革户籍管理制度，2004年7月1日起打破城乡户籍管理"壁垒"，户籍人口不再划分"农业"与"非农业"，而是统一登记为"佛山居民户口"，并按实际居住地登记管理（朱佳木等，2006）。其次，改革市管县制度，实行经济管理权下移及发展重心下移，大力推进县域经济发展。再次，改革社会保障制度，以基本医疗、最低生活保障以及全征地农民基本养老保险补贴为重点，建立完善城乡对接的农村社会保障体系，同时逐步与城镇职工保障体系并轨。然后，改革劳动力培训制度，按照"技能培训与劳动就业城乡统筹、就业和再就业服务城乡平等、劳动力市场城乡统一、就业技能培训城乡平等、就业进入条件城乡平等及劳动保障待遇城乡逐步接轨"的思路，建立完善统一、竞争、有序、开放的城乡一体化劳动力培训与就业引导机制，把农村富余劳动力转移及充分就业纳入到各级政府服务及管理轨道中，构建城乡一体化的劳动力就业市场，改变了农民就业无人管、农民失业无人问的状况，较好地促进了农村富余劳动力向非农产业转移。最后，改革城乡公共产品供给制度，以统筹城乡卫生、文化、教育发展为抓手，整合交通、电信、邮政、传媒、旅游等公共资源，推进城市基础设施向农村延伸，推进城市公共服务向农村覆盖，切实提高城乡公共资源的使用效益，从而促进城乡经济协调发展（黄水木，2007）。

6.1.1.4 三种动力模式的启示

从苏州市、温州市、佛山市等沿海发达地区在促进城乡经济协调发展中形成的发展动力模式分析，可以得到以下三个方面的启示。

1）要因地制宜选择城乡经济协调发展动力模式。苏州市、温州市、佛山市三市从实际出发，选择适当的发展模式，促进了城乡经济协调发展。苏州市选择他组织模式，在城乡经济发展中充分发挥政府的强势主导作用；温州市选择自组织模式，注重发挥市场机制与民间力量的作用；佛山市选择二元组织模式，坚持政府权威与市场机制有机结合，都有效促进了城乡资金、技术、人才等生产要素合理流动，确保了城乡经济协调发展。当然，各种模式不是固定不变的，随着实践的深入，各种模式将会相互学习、取长补短，趋向融合，这一点尤其值得注意。

2）要高度重视工业化与城镇化协调发展。苏州市、温州市、佛山市通过统一城乡规划，明确城乡功能定位，引导工业化、城镇化建设，注重城乡产业协调发展，大力推动人口向城镇集中、企业向工业区集中及土地向规模经营集中，有效提高了工业化和城镇化水平。

3）要着力推进城乡公共品和服务均等化。苏州市、温州市、佛山市的实践证明，在工业化达到一定程度以后，要实行城市支持农村、工业反哺农业的政策。从体制保障上加大对农村、农业的投入力度，把更多财政资源投向农村，用更多公共财政扶持农业，切实加强农村公共设施等公共品建设和社会保障体系等公共服务建设，使城乡居民基本享有同样的生活质量和水平。

6.1.2　政策模式

城乡资源配置具有阶段性、多样化、倾向性特征，依据资源在城乡之间配置的偏向度划分，城乡经济协调发展模式大体上可以分为三种政策模式：城市偏向型、农村偏向型、城乡均衡型（表6-2）。

表6-2　城乡经济协调发展政策模式比较

类别	城市偏向模式	农村偏向模式	城乡均衡模式
协调主体	自组织或他组织或二元组织	自组织或他组织或二元组织	自组织或他组织或二元组织
协调内容	城乡经济关系	城乡经济关系	城乡经济关系
协调目标	城市–工业优先发展	农村–农业优先发展	城乡均衡发展
典型案例	美国（1812～1930年）	韩国（1970～1989年）	日本（1975～2009年）

6.1.2.1　城市偏向型模式

注重发展城市经济，引导资源要素向城市倾斜，推进城市工业化和大中城市建设，如美国在第二次美英战争后一直到20世纪30年代后期的一百多年基本上采用此模式。其优点是有利于城市工业在低成本、高利润及高积累的条件下快速扩张，缺陷是往往忽视农村农业发展，形成并强化城乡二元经济结构。

作为发达的资本主义国家，美国的工业化进程代表了多数先进工业国城乡经济发展的普遍模式。美国的工业化与其他先行工业化国家具有相似的特点，也是经历了重工业比例逐步超过轻工业、城市工业比例逐步超过农业的过程，与此同时，城乡居民收入比也经历了逐步扩大的过程（李佐军，2003）。1812～1814年第二次美英战争后，美国放弃基于传统农业比较优势的"农业立国"发展模式，选择以内需为主导的"工业立国"发展模式，实施集中于城市的工业布局，从而开启了百年工业化征程（贾根良，2010）。1834～1843 年美国消费品工业得到快速发展，1861～1865 年的南北战争后美国进入工业化狂飙发展时期，钢铁、机器制造业、煤炭开采等得到极大发展，石油、电器、汽车、化学等新兴工业迅速发展，工业结构得到优化升级，美国进入世界工业强国行列。1890 年美国重工业产值与轻工业相当，工业在工农业总产值中占比达到 80%。与此同时，大规模的农村人口源源不断地向城市工业中心流动，导致城市人口急剧增加，加快了城市化进程。1790 年美国城市化水平仅为 3.3%，1860 年为 16.1%，1900 年为 40%，1920 年上升到 51.2%。但是，这种城市工业偏向型的发展模式造成了城乡经济发展不协调，在繁荣的城市经济背后危机重重。一方面，因农村人口大量涌入城市，城市在就业、医疗、住房等方面难以提供更多的便利条件，从而带来了犯罪等诸多城市问题；另一方面，因农业人口急剧下降，农业资源难以得到有效利用，导致大量土地荒芜，农村经济出现萧条景象，城乡居民收入差距不断扩大，1939 年城乡居民收入比上升到 2.49（曾国安和胡晶晶，2008）。这使美国此后不得不进行模式转换，不得不重视农业、农村发展。

Lweis（1954）等对城市偏向型模式进行了开创性研究。刘易斯认为，在工业化初期，农业只具有"工具价值"，为城市工业提供廉价劳动力及粮食，使城市工业在低成本、高利润和高积累的条件下快速扩张，这在一定程度上反映了发达国家走过的道路。但是，刘易斯过分强调城市工业的重要性，忽视农村农业发展，尽管在早期农村农业为城市工业发展作出了很大贡献，但在后期农村农业并没有分享到城市工业繁荣带来的好处，形成了城乡二元经济结构和城乡二元利益格局，政府的战略、政策、制度具有强烈的"城市偏向"（蔡昉，2006；陈喜梅，2009）。

6.1.2.2　农村偏向型模式

注重发展农村经济，引导资源要素向农村倾斜，推进农村工业化、城镇化发展及农业现代化建设，如韩国在 20 世纪 70 年代到 80 年代后期的十几年基本上采用此模式。其优点是有利于提高农业生产效率、发展农村经济，缺陷是往往忽视城市经济发展，进而影响城乡经济协调发展总体水平。

一直以来，韩国是一个以农业经济为主的国家，从20世纪60年代起，通过实施优先发展城市工业战略，工业得到快速发展，促进了国民经济的高速增长，使韩国成为新兴工业化国家，但也很快暴露出城乡经济发展不协调问题，农村结构性矛盾突出，农业发展严重萎缩，农民增收陷入困境，导致城乡居民收入差距日益扩大。针对城乡经济发展中出现的失调问题，从20世纪70年代初起，韩国政府及时调整城乡经济发展模式，在继续发展城市工业的同时，开展了大规模的农村新村建设运动，力求通过加强农村、农业发展来促进城乡经济协调发展（赵保佑等，2009）。

1）着力改善农村生产生活环境及调动农民积极性。首先，通过重建村庄、改善农民住房、安装自来水、修建公共澡堂、改造排污系统、扩张农村电网及通讯网、设置公用电话等措施，改善农民最迫切的生活条件。其次，政府通过改善农村公路、组织修建桥梁、建设小规模灌溉工程、整理耕地、设置公共积肥场、治理小河川等措施，对农村生产环境进行全面开发与改善。最后，注重向农民灌输"自助、协同、勤勉"意识，激发农民建设新农村的积极性、主动性、创造性，与此同时，还特别注重发挥"农协"作用，切实加强农村营销及金融服务。这些措施为农村经济发展提供了强有力的保障。

2）着力对农业提供政策及技术支持。为增加农民收入，政府在全国推广"统一号"水稻高新产品，同时提供相应的财政补贴，促使韩国稻米生产获得了巨大发展。在盛产水稻的农村，政府举办各类农业技术培训班及交流会，向广大农民推介水稻优良品种及栽培技术，培养了一批掌握先进栽培技术的骨干。各村在这些骨干的带领下，通过实施标准化的选种、育苗、插秧、施肥及灌溉等程序，组成水稻生产协作体，使粮食产量得到大幅提高。在粮食收购上政府给予优惠政策，规定粮食收购价高于市场零售价，农民因此获得了巨大实惠。

3）着力发展农村工业。实行"新农村工厂计划""农村工业园区计划""农户副业企业计划"等兴农计划，吸引城市企业家到农村投资办厂，改造传统农村工业，促进农村工业集群化发展。韩国政府鼓励通过政府贷款、政府投资及村庄集资的方式建立各种形式的"新村工厂",大力发展农村工业,扩大生产规模,推动小农经营向综合经营转变,使农民非农收入大幅增加。因农业收入及非农业收入的增加,韩国农民人均收入从1970年的137美元上升到1978年的700美元,增加了4倍多。1970～1987年,城乡居民收入比从1.49下降到1.03,城乡居民收入基本相当。1990年以后,因受经济全球化及韩国农村劳动力结构老龄化等因素的影响,城乡居民收入比出现增加趋势,到2004年增加到1.19(曾国安和胡晶晶,2008),这说明韩国要保持高增长基础上的城乡收入的基本平衡,必须进行新的模式选择。

舒尔茨、哈里斯和托达罗等对农村偏向型模式持肯定态度。针对一二百年来经济学界存在的忽视农业的普遍倾向,舒尔茨(1964)在其著作《改造传统农业》中,明确提出要向农民投资,发展和改造农业,并向农业供应新的生产要素,其目的就是要通过发展农村经济,提高城乡总体经济发展水平,缩小城乡发展差距,从而实现城乡经济协调发展。改造传统农业理论在完善农业投资方式、指导农业提高生产效率、逐步把农业改造成为经济发展的一个重要而又廉价的源泉等方面无疑具有明显的意义。Harris和Todaro(1970)指出,解决城乡经济失调问题的根本途径是发展农村经济、提高农民收入。因此,要注重农业及农村自身的发展,增加农村就业机会,支持农村综合开发,从而缩小城乡差别(Todaro,1985;夏春萍,2005)。

6.1.2.3　城乡均衡型模式

注重城乡经济互动,引导资源要素在城乡间均衡分配,推进城市工业化与农村工业化互动、大中小城市与小城镇建设并举,如日本在20世纪70年代中期以来的三十多年基本上采用此模式。其优点是把城乡经济作为整体进行谋划发展,有利于实现城乡经济一体化,缺陷是对城乡经济发展水平有较高要求,欠发达地区采用此模式可能导致低水平均衡发展。

日本是一个后起的工业化国家,在其工业化过程中,城乡居民收入差距的变化经历了工业化国家从工业化到后工业化发展的完整过程。明治维新后,日本城市工业快速发展,城乡居民收入比不断扩大,1885年为1.32,1930年扩大到

3.13。第二次世界大战后，日本工业恢复高速发展，人口相对集聚在几个大城市圈中，城乡发展失调问题突出，主要是农业、农村发展相对滞后。为了保持城乡经济协调发展，1975年以后，日本适时选择城乡均衡型发展模式推进城乡经济协调发展。

1）注重推进城乡统筹规划建设。日本政府先后四次制定"国土综合规划"，旨在有计划地疏解城市人口，持久地保护自然环境，加快开发农村落后地区，特别是注重推进农村的深度开发，大力推进小城镇建设，逐步使小城镇的生活水平与大中城市相当。鼓励加大城乡交通、通信、信息等基础设施建设，改善城乡生产生活环境，推进城乡经济交流。到20世纪90年代初，日本出现各类城市688个，而新开发的小城镇呈现出较强的吸引力，在小城镇与大中城市就业差别不大。例如，东京地区经过实施四次国土综合开发规划，城乡经济发展十分协调，到1995年，农户人均收入已超过城市的相应指标。

2）注重推进农村工业化。日本政府出台了一系列促进城市工业向农村转移的政策法规，鼓励、支持城市工业到农村投资建厂，以加快农村工业化步伐。在日本政府的支持下，一些城市工业纷纷把一部分生产能力向农村转移，在农村建立城市工业的配套企业，吸引大批农民就地进厂务工，使农村就业结构及农民收入结构得到优化。到20世纪80年代，城乡产业联系不断紧密，农村工业快速发展，农户非农收入在农民收入中占比达到80%以上，城乡居民收入差距不断缩小。

3）注重推进农业现代化。政府大力支持发展农业集约经营及多种经营，自20世纪90年代以来，财政投入农业的资金年均增长率稳定在13.4%左右。对于农户购买农机，中央政府及地方政府各补贴40%，剩余的20%则由农协贷款，促进了农业机械化、集约化经营；加大对农村农业部门在教育、科技等方面的公共投资。从20世纪80年代中期起，大力推进现代化科研教育设施建设，以适应世界高新技术发展的需要，一批"高新技术村"、"电脑村"、"高效农业村"应运而生，从而使农户收入实现持续、快速、稳定增长。1975~2008年，城乡居民收入比稳定在0.86~0.97，城乡居民收入差距较小且基本不变（曾国安和胡晶晶，2008；徐同文，2008）

19 世纪以来，许多学者的研究成果对城乡均衡型模式持肯定态度。例如，圣西门、傅立叶和欧文的城乡经济一体化思想，马克思和恩格斯（1847）的城乡融合论，霍华德（1898）田园城市发展模式（杨健和关慧，2009），等等。McGee（1991）提出的"城乡一体化区域（Desakota）"概念，其实质就是强调城乡均衡发展，主张用城乡一体化区域来构建城乡空间发展模式，其主要特征是高频率高强度的城乡相互作用、混合的农业与非农业活动及淡化了的城乡差别。麦基模式是对传统的城镇—乡村两分法的一种否定，强调了城乡均衡发展的必要性及紧迫性。

6.1.2.4　三种政策模式的启示

1）城乡经济协调发展过程中存在三种基本政策模式。美国、日本、韩国三国在城乡经济发展过程中，注重处理城乡经济关系，不同时期因地制宜选择城乡经济协调发展的不同模式，推进了城乡经济协调发展。其实践显示，城乡经济协调发展模式存在三种基本类型：城市偏向型、农村偏向型、城乡均衡型。城市偏向型模式具有注重引导城乡资源要素向城市倾斜等特征，其明显标志是城乡居民收入比趋于扩大。农村偏向型模式具有注重引导城乡资源要素向农村倾斜等特征，其明显标志是城乡居民收入比趋于缩小。城乡均衡型模式具有注重引导城乡资源要素在城乡间均衡分配等特征，其明显标志是城乡居民收入接近 1 且趋于不变。同时，从国外对三种模式的相关研究中可以看出，三种模式都有相应的理论支持。

2）城乡经济协调发展政策模式不是固定不变的。一定的模式与一定的经济发展阶段相适应。城乡经济协调发展是一个循序渐进的系统演化过程，一定的工业化发展阶段面临着一定的模式选择问题。对于一个国家或地区来说，一般转换趋势是城市偏向型模式—农村偏向型模式—城乡均衡型模式。历史上，美国、日本、韩国三国在其不同发展阶段，分别选择了相应的发展模式，较好促进了城乡经济协调发展。

3）政府在推动城乡经济协调发展中具有重要作用。从美国、日本、韩国三国的实践来看，无论采取何种模式，政府都发挥着主导作用。政府通过制定战略规划、出台政策法规等引导城乡资源流动，促进了城乡经济协调发展。美国政府在推进工业化进程中始终注意工业与农业、服务业的协调发展。日本和韩国针对城乡经济失调问题，政府及时通过财政倾斜和提供金融、税收等优惠政策等来促进农村建设、农业发展，从而减缓了城乡矛盾，促进了城乡经济协调发展。

4）国外城乡经济协调发展政策模式对我国的启示。整体上看，新中国成立后特别是改革开放后，我国城乡经济协调发展政策模式一直在城市偏向型与农村偏向型之间摆动，但基本趋势呈城市偏向型，是一种固化的城市偏向型模式。这种模式促进了国民经济总量的增加和工业化、城市化水平的不断提高，但同时城乡经济不协调问题非常突出，近几年城乡居民收入比在3以上高位运行，这在国际上是罕见的。

借鉴美国、日本、韩国三国的成功实践经验，以及国外专家学者关于城乡经济协调发展模式的研究成果，在推进城乡经济协调发展过程中，我国应妥善解决好政策模式转换问题。目前，我国处于工业化中期，城市化进入加速阶段，选择农村偏向型模式有利于解决城乡经济发展中诸多矛盾。这就需要尽快从固化的城市偏向型模式中解放出来，大力发展农村经济，增加农民收入，扭转城乡居民收入差距扩大趋势。首先要大力推进新型工业化、城市化进程。办好各类城市产业园区，扩大城市就业容量，增强城市经济吸纳劳动力能力，促进农村剩余劳动力和农村人口向城市转移。其次要加快农民社区化、农村工业化、农业现代化进程。改善农村生产生活条件，引导城市工业向农村工业园区转移，吸引农民就地就业和居住，推进农业规模经营，提高农业生产率，通过多种途径增加农民收入。最后要加快城乡公共品和服务均等化进程。重点推进农村供排水网、电网、路网、供气网、广播电视电话互联网及市场网等民生工程建设，尤其是对基本农田、水利设施等维系农业生产根本的基础设施加大政府财政资金投入，切实改善农民生产生活条件。重点在户籍管理、就业、教育、医疗等重点领域和关键环节进行改革，推进城乡一体的供水、交通、医保、社会救助、文化体育、低保、社会保险、就业服务等方面的全覆盖。加大对农业公共服务领域的投资，建立完善农业职业教育体系，提高农民现代农业生产经营管理技术水平，为发展现代农业提供强大的人力资本保障。

同时，必须指出，我国区域差距较大，各地发展阶段不同，模式选择也应不同。东部部分沿海发达地区进入后工业化时期，宜选择城乡均衡型模式；中西部部分欠发达地区还处于工业化早期阶段，宜选择城市偏向型模式。那种不顾具体条件，在模式选择上"一刀切"的做法不宜提倡。

6.1.3 复合模式

依据组织作用强弱度与城乡政策偏向度的差异划分，城乡经济协调发展模式可以看做是由动力模式与政策模式构成的复合模式，这样，对一个特定地区来说，面临着九种具体的城乡经济协调发展模式选择（表6-3）。从表6-3可以看出，九种城乡经济协调发展模式具有相同的协调内容，不同的是协调主体和具体的协调目标。同时，这些模式一般都可以从历史或现实中找到典型案例。

表 6-3 城乡经济协调发展复合模式

类型	协调主体	协调内容	协调目标	典型案例
自组织城市偏向型	自组织	城乡经济关系	城市经济优先发展	香港
自组织城乡均衡型	自组织	城乡经济关系	城乡经济均衡发展	新加坡
自组织农村偏向型	自组织	城乡经济关系	农村经济优先发展	温州市
他组织城市偏向型	他组织	城乡经济关系	城市经济优先发展	鄂州市
他组织城乡均衡型	他组织	城乡经济关系	城乡经济均衡发展	苏州市
他组织农村偏向型	他组织	城乡经济关系	农村经济优先发展	韩国（1970～1989年）
二元组织城市偏向型	二元组织	城乡经济关系	城市经济优先发展	美国（1912～1930年）
二元组织城乡均衡型	二元组织	城乡经济关系	城乡经济均衡发展	日本（1975～）
二元组织农村偏向型	二元组织	城乡经济关系	农村经济优先发展	佛山市

为了使这些模式更加具体化，我们从组织作用强弱度、城乡政策偏向度，以及政府、市场、企业关系等方面对九种城乡经济协调发展模式进行了比较（表6-4）。从表6-4可以看出，城乡经济协调发展模式选择问题最终可以归结到如何更好地发展企业这个根本问题上。

表 6-4　城乡经济协调发展复合模式比较

类型	自组织强度	他组织强度	城市偏向度	乡村偏向度	政府、企业、市场三者关系
自组织城市偏向型	强	弱	大	小	在政府间接干预、市场作用强势的情况下，着力发展城市企业
自组织乡村偏向型	强	弱	小	大	在政府间接干预、市场作用强势的情况下，着力发展乡村企业
自组织城乡均衡型	强	弱	中	中	在政府间接干预、市场作用强势的情况下，着力发展城乡企业
他组织城市偏向型	弱	强	大	小	在政府作用强势、市场作用不明显的情况下，着力发展城市企业
他组织乡村偏向型	弱	强	小	大	在政府作用强势、市场作用不明显的情况下，着力发展乡村企业
他组织城乡均衡型	弱	强	中	中	在政府作用强势、市场作用不明显的情况下，着力发展城乡企业
二元组织城市偏向型	或强、或中、或弱	或强、或中、或弱	大	小	在政府主导作用与市场基础作用均衡情况下，着力发展城市企业
二元组织乡村偏向型	或强、或中、或弱	或强、或中、或弱	小	大	在政府主导作用与市场基础作用均衡情况下，着力发展乡村企业
二元组织城乡均衡型	或强、或中、或弱	或强、或中、或弱	中	中	在政府主导作用与市场基础作用均衡情况下，着力发展城乡企业

　　我们还可以通过图 6-1 来对城乡经济协调发展复合模式结构加以说明。在图 6-1 中，城乡经济协调发展复合模式由他组织系统、自组织系统、乡村经济系统及城市经济系统等几个主要部分构成。其中，他组织系统主要包括政府有关城乡经济协调发展的战略体系、制度体系、政策体系等方面，通常对乡村经济系统和城市经济系统协调发展起着不同程度的主导作用。自组织系统主要包括区域内、区域外（包括国外）生产要素市场体系、产品或服务消费市场体系等方面，通常对乡村经济系统和城市经济系统协调发展起着不同程度的基础性作用。乡村经济系统主要包括第一产业（农业）、第二产业（农村工业）、第三产业（农村服务业），是城乡经济系统协调发展相对独立的主体。城市经济系统主要包括第二

产业（城市工业）、第三产业（城市服务业），也是城乡经济系统协调发展相对
独立的主体。

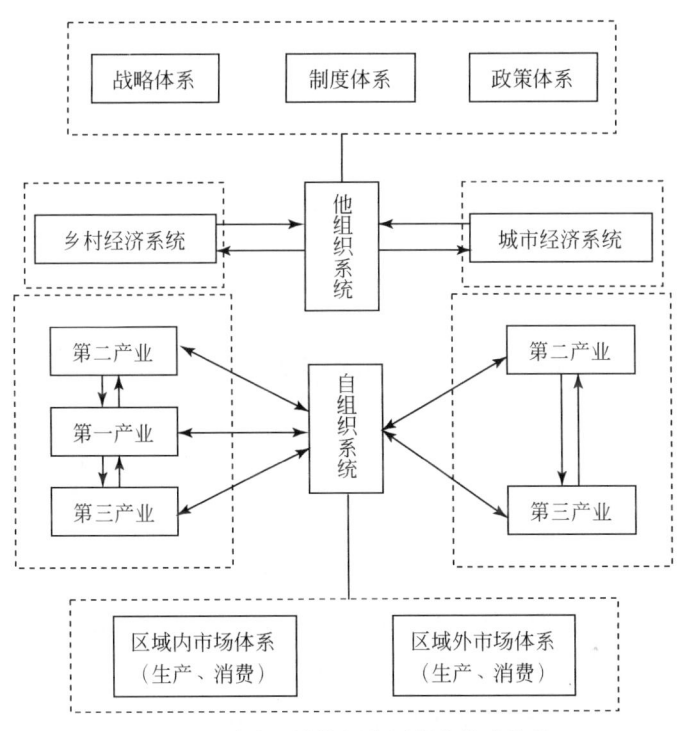

图 6-1　城乡经济协调发展复合模式结构

在图 6-1 中，四大系统的有效匹配、协调运行，可以使城乡经济系统协调发
展呈现出不同的模式。例如，在他组织较强、自组织较弱的情况下，城乡经济系
统呈现出他组织城市偏向型、乡村偏向型、城乡均衡型三种模式；在自组织较
强、他组织较弱的情况下，城乡经济系统呈现出自组织城市偏向型、乡村偏向
型、城乡均衡型三种模式；在他组织与自组织势均力敌的情况下，城乡经济系统
呈现出二元组织城市偏向型、乡村偏向型、城乡均衡型三种模式。而对于第三种
情况，"势均力敌"常常可能有三种情形：强烈、适度、微弱。因此，城乡经济
系统二元组织城市偏向型、乡村偏向型、城乡均衡型三种模式还可能进一步表现
为二元组织激进式城市偏向型、乡村偏向型、城乡均衡型和二元组织稳健式城市
偏向型、乡村偏向型、城乡均衡型，以及二元组织自由式城市偏向型、乡村偏向

型、城乡均衡型九种模式。在实际中我国一些城市常常选择二元组织稳健式城市偏向型、乡村偏向型、城乡均衡型模式。

从以上分析我们可以看出，城乡经济协调发展模式选择的难度在于如何正确把握他组织与自组织的作用强弱度，以及乡村经济与城市经济的政策偏向度。这就要求我们要根据实际情况进行科学分析、合理选择。复合模式的意义在于打开了动力模式与政策模式之间的通道，使城乡经济协调发展模式这个相对主观、模糊的概念、方法、思路趋于清晰，初步克服了现有模式研究的不足，增强了模式的客观性、科学性和可操作性。

6.2　城乡经济协调发展模式的选择原则

结合上述分析及国内外的实践经验，选择城乡经济协调发展模式要遵循以下基本原则。

第一，以人为本，科学发展。城乡经济协调发展模式要体现以人为本、全面协调可持续发展的科学发展观，始终把城乡居民的需要作为第一需要，既满足市民的需要，又考虑村民的需要；既满足当代的需要，又考虑后代的需要。要以城乡经济可持续协调发展为着力点，注重建设资源节约型、环境友好型社会，大力发展绿色经济、循环经济、低碳经济，加快生态化进程。

第二，产业优先，融合发展。城乡经济协调发展模式要与城乡经济社会总体发展战略、规划、制度、政策相匹配，突出城乡产业融合发展。要遵循城乡经济发展规律，借鉴国内外工业化、城镇化及农业现代化成功经验，注重发挥现代农业在城乡经济协调发展中的基础作用，坚持工业化、城镇化与农业现代化融合发展。

第三，科技先导，引领发展。城乡经济协调发展模式要注重发挥科技创新对城乡经济协调发展的先导作用，注重以城乡产业集群为中心的区域创新体系建设，大力支持企业进行原创性创新、集成性创新，以及引进、消化、吸收、再创新，加快高新化进程，为城乡经济协调发展提供强大的科技支撑。

第四，突出特色，差异发展。城乡经济协调发展模式要考虑城乡资源禀赋、地理区位、经济技术水平、文化传统、人口与环境素质等现实条件，协调处理好共性与个性的关系，突出比较优势，突出区域特色，注重城乡系统的差异化发展（吴良镛，2009）。在具体模式选择上，因地制宜，提倡多样化，宜工则工、宜商则商、宜农则农、宜城则城、宜乡则乡，不搞"一刀切"。

第五，政府主导，创新发展。城乡经济协调发展模式要与时俱进，根据条件的变化，把握模式演化的转折点，适时推进模式转换，协调推进城镇化、工业化、农业现代化、高新化、生态化。充分发挥政府在宏观调控、市场监管、公共管理和社会服务等方面的主导性作用，注重创新城乡经济协调发展制度，在土地制度、金融制度、户籍制度、财政制度、税收制度、社保制度等制度的设计上不断探索突破，营造城乡资金、技术、人才等要素在城乡间自由、高效流动的良好环境，充分发挥农民在新农村建设和发展现代农业中的主体性作用及市场在城乡配置资源中的基础性作用。

6.3　"全域鄂州"城乡经济协调发展模式

鄂州市是湖北省市域面积最小、唯一不带县的地级市，地处武汉城市圈核心层，区位优越，交通便捷，自然资源丰富，发展环境宽松。自2008年鄂州市被确定为湖北省城乡一体化试点城市以来，以工业化、城镇化为抓手，大力推进城乡一体化，城乡经济初步呈现出规模扩大、结构优化、协调发展的可喜局面。

尽管近年来鄂州市城乡经济协调发展状况有一定改善，但是，鄂州市城乡经济协调水平还不高，总体上仍然处于初步协调、加速协调阶段（详见本书第5章）。究其原因有多种（详见本书第3章），但是，一个根本性原因是鄂州市的城乡经济协调发展模式存在偏差。

从"全域鄂州"视角看，长期以来鄂州市在推进城乡经济协调发展过程中基本上实行的是"他组织城市偏向型"模式，这种模式一定程度上促进了鄂州市城乡经济协调发展。但是，随着工业化、城镇化、市场化、高新化、生态化深入推进，鄂州市城乡经济协调发展面临模式供给危机。在动力模式上，长期以来民间自组织因素未得到有效培育和调动，单一的他组织驱动力资源又十分有限，无法形成强大合力，难以满足城乡经济协调发展日益增长的动力需求；在政策模式上，长期实施的城市偏向模式推动了城市经济繁荣发展，但农村经济长期处于落后状态，城乡经济不协调性问题十分突出，无法化解城乡矛盾，难以满足城乡经济协调发展日益增长的政策需求。要突破模式上的供求困局，鄂州市必须进一步理顺城乡经济协调发展思路，坚持城乡经济协调发展模式选择的基本原则，加快推进发展模式从他组织向自组织、城市偏向向农村偏向转变，充分发挥政府的主导作用和市场的基础作用，突出发展农村经济，选择"二元组织农村偏向型"城乡经济协调发展模式（图 6-2）。

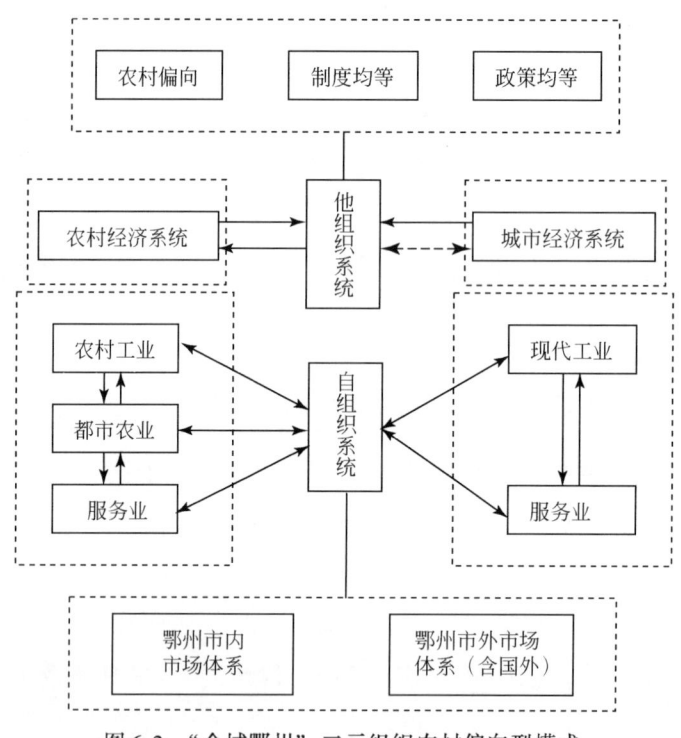

图 6-2 "全域鄂州"二元组织农村偏向型模式

注：图中同一虚线框的内容属于同一系统，实线箭头表示作用较强，虚线箭头表示作用较弱

从图 6-2 中可以看出，"全域鄂州"二元组织农村偏向型模式是一种复合模式，具有以下特点：第一，他组织对农村经济作用较强，对城市经济作用较弱；第二，城乡经济依托市内、市外两个市场发展；第三，城乡产业在二元组织作用

下，不仅内部产业联系较强，而且城乡之间产业联系紧密。

在"全域鄂州"二元组织农村偏向型模式运行过程中，鄂州市政府等他组织通过采取农村偏向战略，实行城乡均等的制度、政策，注重城镇化、工业化、农业现代化、高新化、生态化绩效，以确保城乡经济系统协调发展。

第一，把促进城乡产业协调发展作为推进城乡经济协调发展的基础工程来抓。一是树立城乡产业协调发展理念。以现代工业理念谋划农业发展，以农业发展促进工业、服务业升级，以工业、服务业优质发展促进城乡三次产业协调发展。二是科学制定城乡产业协调发展规划。根据武汉城市圈产业分工安排及"全域鄂州"四位一体（主城区、新城区、特色镇、中心村）的城乡空间规划，着力构建城乡产业协调发展格局，引导特色优势产业重点向特色镇及城区聚集。特色镇做专做精产业园区，着力打造特色明显、产业突出的工业重镇、旅游名镇、商贸强镇；鄂州市经济开发区、城东新区、红莲湖旅游新城、葛华科技新城、花湖工贸新城及梁子岛生态旅游区等地区着力发展工业、服务业；主城区以沿江物流为重心，大力发展现代服务业。农村地区依托资源优势，重点发展现代农业。三是推进城乡三次产业协调发展。着力挖掘工业优势产业，重点打造电子信息、生物医药、模具材料、纺织服装、冶金、能源、建材等工业产业集群。着力培育农业优势产业，重点发展水产、林果、畜牧、蔬菜等农业支柱产业。着力发展现代服务业，重点提升现代物流、房地产、文化旅游、信息服务等现代服务业水平。

第二，把区域创新体系建设作为城乡经济协调发展的重要支撑。结合城乡产业集群化发展要求，主导建设并维护好由在地理上既相互分工又相互关联的生产企业、研究机构及教育培训机构、咨询服务机构、金融机构、地方政府机构等构成的区域创新体系。同时，还要建立完善科技管理体制机制、科技服务体系、科技法律体系及科技监督考评制度，确保区域创新体系高效运行，从而使区域城乡经济协调发展建立在强大的创新能力基础之上。

第三，加快推进农业现代化。突破传统农业思维方式、生产方式、流通方式、组织方式，延伸农业产业链，形成高附加值的农产品流通体系，着力构建集约化、专业化、组织化、社会化相结合的新型农业经营体系。建立农产品与工业品的双向流通体系，同步提高农产品商品化率与工业品农村市场占有率。建立健全农业流通体系，完善农产品流通产业体系、服务支持体系、基础设施体系，畅通农产品流通渠道，提升农业流通水平。加大政府财政、金融扶持力度，促进农村合作经济组织发展，发展农民专业合作社，发挥农民市场主体作用，提高农业组织化程度。大力发展高质、高产、高效农业。以培育高产、优质品种为重点，改良种植业、养殖业品种，发展具有地域特色的名特优产品。

第四，加快推进城乡工业化、城镇化、生态化。大力推进农村工业化，引导城市工业向农村延伸，提高农村工业与城市工业的产业关联度。突出发展中小城市、小城镇工业园区，使之形成具有承接能力的产业发展基地。加快城镇化进程，增强城镇吸纳、转移农村剩余劳动力的能力。加快生态化进程，把生态文明理念和原则贯彻到城乡经济发展的全过程。

第五，加快推进城乡要素市场化。资本、劳动力等生产要素在城乡之间合理流动与优化配置是实现城乡经济协调发展的根本要求。构建功能完善、流转通畅的城乡产业共生网络体系，离不开城乡要素自由流动。要采取必要的行政手段加快城乡要素配置市场化进程，转变目前要素配置城市偏向模式。一是推进城乡资本市场一体化。二是推进城乡劳动力市场一体化。注重城乡劳动力就业保障体系建设。加强城乡劳动力就业信息管理平台建设，加大城乡劳动力职业技能培训力度，促进城乡劳动力职业技能培训与就业服务有机结合。

第六，加快推进城乡公共品和服务均等化。要通过建立完善城乡基础设施和公共服务体系，让农民在不离土、不离乡、不离业的情况下，实现向"居民"的转变，切实提高生活质量和幸福指数。一是加大农村基础设施建设，二是推进城乡公共服务均等化，三是加大对农村公共服务领域的投资。

6.4 鄂州市"一带一轴"区域城乡经济协调发展模式

从区域经济视角看，鄂州市城乡经济发展不协调的另一个很重要的原因是

"一带一轴"①区域城乡经济发展不平衡、不协调。因此，在推进城乡经济协调发展过程中，应根据不同区域的实际情况，选择不同的城乡经济发展模式。

6.4.1 "一带一轴"区域划分及重要性

在本书中，鄂州"一带一轴"区域是与鄂州市"一带一轴"城乡产业空间布局相对应的城乡地域。"一带"区域即沿江产业发展带，主要指由沿江钢铁、生物医药、电子信息、建材、纺织、物流等产业组成的沿江综合产业走廊；同时，"一带"区域几乎集中了鄂州市所有的城镇优势资源，是典型的城镇密集带。"一轴"区域即葛湖生态休闲产业发展轴，主要指由红莲湖、梧桐湖、梁子湖旅游休闲、体育健身、生态农业等产业组成的葛湖绿色生态产业走廊；同时，"一轴"区域几乎集中了鄂州市所有的农业优势资源，是典型的农业发展区。

"一轴"区域与"一带"区域存在明显的区域差距、城乡差距。从表6-5可以看出，2008年，"一轴"区域人均GDP、人均财政收入、人均固定资产投入、人均社会消费品零售额分别仅为"一带"区域的39.5%、18.3%、34.9%、33.3%，城乡收入比高于"一带"区域0.55。

表6-5 2008年鄂州市"一带一轴"区域城乡经济差距比较

项目	鄂州市	"一带"区域	"一轴"区域	"一带一轴"比
人口/万人	106.8	88.9	17.9	4.97
国土面积/平方公里	1 593	1 093	500	2.17
GDP/亿元	269.8	249.9	19.9	12.56

---

① 轴、带概念源于点轴（带）发展理论。该理论最早由波兰经济学家萨伦巴和马利士提出，是增长极理论的延伸。"点"指一定区域范围内的各级结点城市，"轴（带）"指以交通干线为主的各种线状基础设施，包括公路、铁路、内河航线、海运航线等。这种轴（带）一经形成，对区域人口、产业具有吸引力，吸引人口、产业向轴（带）两侧集聚，产生新的增长点。点轴（带）贯通，就形成点轴（带）系统。因此，点轴（带）发展可以理解为从城镇沿交通线路向乡村纵深发展推移。在我国，"点轴（带）"发展模式最初由中科院地理所陆大道系统阐述，他提出的以海岸带及长江沿岸为国土开发、经济布局战略重点的"T"型"点–轴系统"发展模式对我国具有重要指导意义，一些城市还依此制定了区域发展战略。此外，还有国内学者提出了点轴集聚区、条带开发模式、网络开发模式等。

项目	鄂州市	"一带"区域	"一轴"区域	"一带—一轴"比
财政收入/亿元	25.3	24.4	0.9	27.11
人均 GDP/元	25 261	28 122	11 117	2.53
人均财政收入/元	2 370	2 745	503	5.46
人均固定资产投入/元	14 536	15 765	5 503	2.87
人均社会消费品零售额/元	10 164	11 057	3 687	3.00
三次产业比例关系	15.4:54.9:29.7	10.9:58.1:31.0	71.2:14.3:14.5	
农民人均收入/元	5 096	5 261	4 275	1.23
城乡收入比	2.40	2.31	2.86	

资料来源：根据《鄂州统计年鉴》（2008 年）资料整理

　　因此，从整体上看，鄂州市城乡经济协调发展问题可以看做是"一带"区域与"一轴"区域经济协调发展问题。"一带"区域可以看做是城镇区域，"一轴"区域可以看做是农村区域，而由于"一带"区域一直是鄂州市重点优先发展区域，经过长期发展积累，已经远比"一轴"区域发达，"一轴"区域经济的落后已经严重影响到鄂州市城乡经济协调发展。

　　实际上，鄂州市"一带一轴"区域结构是一种典型的"地理上的二元经济结构"。鄂州市劳动力、资本、技术等生产要素从"一轴"区域向"一带"区域回流的"回波效应"，是对"一轴"区域的一种不利影响；而现阶段虽然促成劳动力、资本、技术等生产要素从"一带"区域向"一轴"区域扩散的"扩散效应"，是对"一轴"区域的一种有利影响，但市场机制的作用往往倾向于扩大"一带一轴"区域之间的差距，即"回波效应"大于"扩散效应"，并使"地理上的二元经济结构"得以形成并强化。因此，鄂州市要改变这种地理上的二元经济结构，推进"一带一轴"区域城乡经济协调发展，关键在于对两个区域实现不同的协调发展模式，在继续推进"一带"区域发展的同时，特别注重加快"一轴"区域发展，这对于促进鄂州市城乡经济协调发展具有重要的现实意义。

　　第一，有利于通过增强区域经济实力促进城乡经济协调发展。鄂州市建市以来，城乡经济快速发展，在结构升级、经济增长、规模扩张及人民生活提高等各方面都取得了巨大成就。特别是近几年来，由于政府采取向"一轴"区域适度倾斜政策，"一轴"区域经济发展明显加快。但不可否认的事实是，"一带一轴"区域间的经济差距仍在扩大。这就要求继续加大"一轴"区域发展力度，尽快缩小区域差距，以促进城乡经济协调发展。

第二，有利于通过发挥区域资源优势促进城乡经济协调发展。鄂州市"一轴"区域土地资源、生态资源、农业资源十分丰富，人均资源占有量高于全市平均水平，具有较大的开发潜力。但由于资金投入不足等原因，开发进展缓慢，丰富的资源尚未得到充分利用。因此，必须加快"一轴"区域开发，促进各种资源合理配置及流动，将资源优势转变为经济财富，为城乡经济协调发展提供广阔的空间。

第三，有利于开拓区域市场促进城乡经济协调发展。目前世界经济发展变缓，扩大内需成为各地经济增长的主要动力。尤其在当前国际市场竞争十分激烈、市场变动无常、价格不确定因素增多的情况下，扩大内需成为降低经济风险的重要措施。"一轴"区域开发必将需要大量投资，增加投资品的需求；必然使城乡居民收入增加，购买力提高，使消费品的潜在市场转化为现实市场，从而激活区域市场，扩大内需，促进城乡经济协调发展。

第四，有利于通过提高区域居民的物质文化生活水平促进城乡经济协调发展。当前，"一轴"区域城乡居民的物质文化生活水平与"一带"区域的差距相当大。加快"一轴"区域经济发展，有利于增加"一轴"区域居民的就业机会和收入，从而缩小全市城乡居民物质文化生活水平差距。

6.4.2 "一带"区域城乡经济协调发展模式

6.4.2.1 "一带"区域概况及特点

"一带"区域包括主城区、鄂城区、华容区、葛店经济技术开发区、鄂州市经济开发区等沿江区域，是鄂州市相对发达区域，在鄂州市发展格局中具有举足轻重的地位。2008 年，"一带"区域人口、土地面积分别占全市的 83.2%、68.6%，GDP、财政收入分别占全市的 92.6%、96.4%。人均 GDP、人均财政收入、GDP 非农产业比例、人均固定资产投入、人均社会消费品零售额均高于全市平均水平，城乡收入差距小于全市水平。

"一带"区域的主要特点包括：一是资源丰富。"一带"区域生产要素比较集中，尤其是水资源优势突出，对其加快开放开发，有利于促进鄂州市城乡经济发展上新台阶。岸线资源开发潜力大，长江干流流经鄂州市51公里，南岸全部岸线都在市境内。长江港口资源条件好，拥有三江港、五丈港、鄂州港、杨叶港、燕矶港优良港口五个。另外，市域内连通长江和梁子湖的45公里长港等岸线资源也具有较高的利用价值。二是产业基础较好。"一带"区域产业体系比较完善，初步形成了以水产品为特色的现代农业，以钢铁、纺织为特色的现代制造业，以生物医药、电子信息为特色的高新技术产业，以人文旅游产品、精品自然景观为特色的精品旅游业。三是城镇建设基础较好。目前，主城区建成区面积30平方公里，人口30万，是鄂州市政治、经济、文化中心。三个新城区粗具雏形，发展前景广阔。

6.4.2.2 "一带"区域存在的问题

"一带"区域还存在着产业竞争力不强、资源优势发挥不够、基础设施建设滞后、生态环境压力日益增大等问题，制约了"一带"区域进一步发展。

1）产业竞争力不强。产业支撑及带动力不强是当前制约"一带"区域快速发展的关键。近年来，虽然鄂州市采取多种措施，着力推进产业结构调整及优化升级，促进了"一带"区域钢铁、生物医药、电子信息、建材、纺织等产业的形成，但优势突出、特色鲜明的支柱产业尚未形成，真正对全市经济带动作用强、起明显支撑的支柱产业不多，产业聚集度不高，产业链条短，整体优势尚未得到充分发挥。农产品加工业规模化、集群化、专业化、特色化发展不够，农业产业化集中度不高。现代服务业、尤其是物流业发展缓慢，商贸物流基地及配送中心建设明显不足，服务体系不健全，对城乡经济发展的支撑作用不够强劲。

2）资源优势发挥不够。资源整合不够，综合利用率低，是加快"一带"区域发展面临的突出问题之一。在岸线资源方面，对岸线的防洪、航运、供水、生态环境及开发利用功能缺乏统一协调，造成岸线资源配置不合理，存在多占少用及重复建设现象。长江鄂州段岸线资源利用率不到20%。在水能及港航资源方面，存在航运、港口管理体制不顺、无序竞争等问题，没有形成拳头，竞争力差，利用效率低。在旅游资源方面，缺乏必要的衔接及整合，没有形成整体的旅游品牌，对游客缺乏吸引力。

3）基础设施建设滞后。主要表现在以长江干流为主轴的综合交通走廊尚未形成。港口设施落后，吞吐量小，通航条件差，缺少适应区域内特色产业及特色产品发展需要的专用码头，港口建设远远跟不上城乡经济发展的需要。此外，一些沿江城镇水、路、电、气等基础设施十分落后，地下管网建设及污水处理设施建设严重滞后，无法满足城乡生产生活需要。

4）环境保护压力较大。高度重视对长江的保护，是合理开发"一带"区域的前提。目前，"一带"区域生态环境，特别是水资源保护任务十分艰巨。分布了不少易污染、高耗能的工业项目，有的开发项目往往只考虑经济效益，项目布局及环保措施不合理。有些影响环境的产业在布局选址、废弃物治理、排放方式上，对位于下游下风向的城镇会造成影响。有些企业排污口极易造成取水口水域污染，有些养殖区的废污水排放已对水质安全造成威胁。

6.4.2.3 "一带"区域：二元组织城乡均衡型模式

根据"一带"区域城乡经济发展现状，"一带"区域在推进城乡经济协调发展过程中，要注意把政府的主导作用和市场的基础性作用有机结合起来，统筹城乡经济协调发展，注重沿江开发，通过充分发挥长江"黄金水道"优势，构建城乡产业集群带、城乡一体示范带，探索二元组织城乡均衡型城乡经济协调发展模式（图6-3）。

从图6-3中可以看出，"一带"区域二元组织城乡均衡型模式是一种复合模式，具有以下特点：第一，他组织与自组织对城乡经济作用均较强；第二，城乡经济依托"一带"区域内、外两个市场发展；第三，城乡产业在二元组织作用下，农村以都市农业、加工业、服务业为主，城市以现代工业（如先进制造业、高新技术产业及战略性新兴产业）、服务业（如现代物流业）为主，不仅内部产业联系较强，而且城乡之间产业联系紧密。

在"一带"区域二元组织城乡均衡型模式运行过程中，鄂州市政府等他组

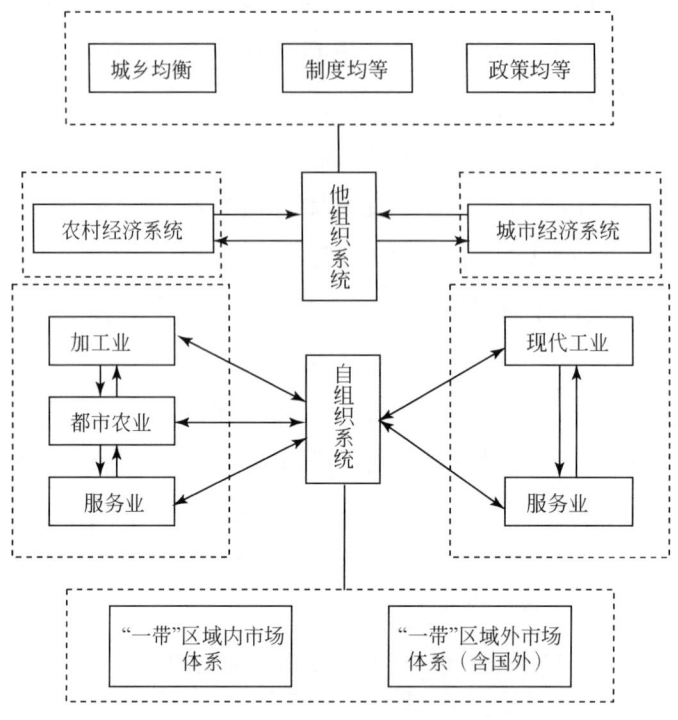

图 6-3 "一带"区域二元组织城乡均衡模式

注：图中同一虚线框的内容属于同一系统，实线箭头表示作用较强

织通过采取城乡均衡战略，实行城乡均等的制度、政策，以确保城乡经济系统协调发展。

第一，构建"一带"区域城乡产业集群带。产业是区域城乡经济发展的重要支撑。"一带"区域是鄂州市主要产业及城镇分布地带。优化产业布局，大力发展城乡产业集群，是全面提高"一带"区域城乡经济发展水平的核心。要加快发展先进制造业，大力发展高新技术产业及战略性新兴产业，优先发展现代服务业，改造提升传统优势产业，把"一带"区域建设成为现代城乡产业密集带。要依托主城高端服务业聚集区、三江港现代物流业聚集区、鄂州市开发区先进制造业聚集区、葛华科技新城战略性新兴产业聚集区、花湖工业商贸业聚集区等产业聚集区建设，以及鄂钢、武钢球团厂、鄂州电厂等龙头企业，打造冶金、建材、船舶修造、装备制造、港口物流、纺织服装等纵深产业带，发展钢铁深加工、电子信息、生物医药、能源、化工、新型建材、模具材料、金刚石刀具、泵业制造等产业集群，把"一带"区域建设成为湖北省重要的先进制造业及现代服务业基地、绿色制造业走廊，建设成为专业化分工明显、规模经济显著、竞争优势突出的城乡产业集群带。

第二，构建"一带"区域城乡一体示范带。Christaller（1933）于1933年出版了《德国南部的中心地》一书，提出了中心地理论，认为组织物质财富生产及流通最有效的空间结构是一个以中心城市为中心的、由相应的多级市场区组成的网络体系。Christaller的理论对我们协调城乡经济关系具有一定的启发意义。鄂州市要推进城乡经济协调发展，必须抓好城市这个龙头，推进"一主三新"组群式大城市建设，把鄂州市建成武汉城市圈中布局合理、生态环境优美、基础设施完善的宜居宜业组群式大城市，构建"一带"区域城乡一体示范带。一是高起点规划建设大城市。优化鄂州市城镇空间结构规划布局。坚持资源整合、优势互补、区域合作、错位发展，主动融入武汉城市圈，推进"武鄂同城化"的战略思路，编制城乡总体规划及相关专项规划，推进"全域鄂州"与武汉总体规划对接，加速推进葛华科技新城、红莲湖旅游新城与武汉科技新城的对接，推进武汉北湖化工新城、梧桐湖新区与东湖高新区的对接，推进花湖工贸新城与黄石城区的对接。指导鄂州市实现依托武汉同城发展，城乡一体组群发展，突出特色错位发展，优先开发跨越发展，引领鄂州市城市建设从"环湖时代"走向"滨江时代"。具体措施包括：①主城区以鄂州市区为核心，大力推进鄂城新区和鄂州市经济开发区建设，推动主城向"一体两翼"发展，促进城市空间范围不断拓展，大力发展现代服务业；②葛华科技城以武汉高新区为核心，重点发展电子信息、生物医药等高科技产业，建设成鄂州市西部的经济文化中心，以及武鄂黄城市带上重要的现代制造业基地、生物产业基地、科技创新基地，建设成具有滨江特色的生态科技新城。新城功能要从以工业生产为主逐步向生产与生活相配套的综合功能发展；③红莲湖旅游城以武汉为核心，重点发展旅游、科研、房地产等现代产业，建设成服务武汉城市圈、面向华中地区的综合性新城，以旅游休闲、运动健身、商务科技、高端居住及生态农业功能为主体；④花湖工贸城要以黄石市区为核心，重点发展商贸物流业、高端居住业、城郊休闲旅游业、高新技术产业及先进制造业，建设成鄂州市东南部生态型滨水工贸新城。二是加强特色镇建设，三是加强大中小城市与小城镇协调互动，四是加强城乡规划管理。

6.4.3　"一轴"区域城乡经济协调发展模式

6.4.3.1　"一轴"区域概况及特点

"一轴"区域主要包括梁子湖区范围，辖梁子、东沟、沼山、太和、涂家垴五个镇，是鄂州市相对欠发达区域。2008 年，"一轴"区域人口、土地面积分别占全市的 16.8%、31.4%，GDP、财政收入分别仅占全市的 7.4%、3.6%。

"一轴"区域的主要特点包括：一是地理区位优越。"一轴"区域位于鄂东南部，西与武汉市接壤，东与黄石市交界，南与咸宁市为邻，是鄂东城市群近郊的一块"天然绿洲"。"一轴"区域南部是山带，西部是梁子湖洼地。地貌是条带状相间的低山丘陵、沉积盆地，地形是南边多低山，北部和西部多丘陵及湖泊，东边最高峰是沼山峰，海拔 418 米。属典型的亚热带大陆性季风气候，四季分明，冬冷夏热，雨量充沛，光照充足，平均气温 17℃。二是农业基础较好。"一轴"区域是典型的农业发展区，耕地面积 17.25 万亩，林地面积 10.62 万亩，水域面积 19.05 万亩，是鄂州市农业（水产、蔬菜、畜牧、林果）四大支柱产业的重要生产基地；三次产业结构比例为 71.2：14.3：14.5，农业是其经济的主要支撑。三是生态旅游资源丰富。梁子湖为我国著名的淡水湖泊，水质良好，生态系统保持完善；水域辽阔，湖面南北长 22.5 公里，东西长 82.2 公里；常年水深平均 3.5 米，丰水期水深 3～6 米，枯水期将会出现大片沼泽草甸，形成沼泽草甸与浅滩融为一体的湿地景观，为越冬水禽特别是迁徙禽鸟提供了良好的栖息环境。梁子湖生物资源丰富，有鱼类 100 多种，素有"天然鱼库"之称，是国内重要的渔业基地。水生物多样性及特有性高，是我国许多濒危水生动植物的重要保存地和重要水生生物物种资源库。梁子湖水系是国家重点保护水系和国家环保部门及国际环保组织定点监测的湖泊，被专家称为"物种基因库"、"化石型湖泊"及"鸟类乐园"。

6.4.3.2 "一轴"区域：二元组织农村偏向型模式

19 世纪 20 年代，德国经济学家约翰·冯·杜能（1826）在其著作《孤立国同农业和国民经济的关系》中指出，区位地租（距离城市远近的地租差异）是决定农业土地利用方式及农作物布局的关键因素。"一轴"区域作为农业区域，相对远离城市中心，如何更好实现城乡经济协调发展，约翰·冯·杜能的理论具有一定的指导意义。

目前，"一轴"区域存在几个主要问题：一是农民收入较低，城乡居民收入差距较大；二是服务业发展落后，城乡产业结构不合理；三是城镇建设落后，城乡基础设施和公共服务差距较大。针对"一轴"区域发展过程中存在的问题，"一轴"区域应立足资源优势，加快转变发展方式，调整优化经济结构，选择二元组织农村偏向型模式（图6-4），加大政府对该区域的政策倾斜力度，大力发展旅游农业、观光农业、精致农业等现代农业，构建现代化特色农业产业体系。同时，加快农村城镇化及农村新社区建设，建设一批特色城镇、特色村，真正将农业资源优势转化为经济财富，把"一轴"区域建设成为生态文明示范带。

从图6-4中可以看出，"一轴"区域二元组织农村偏向型模式具有以下特点：第一，他组织对农村经济作用较强，对城市经济作用较弱；第二，城乡经济依托"一轴"区域内、外两个市场发展；第三，城乡产业在二元组织作用下，城乡工业以农副产品加工业为主，农村重点发展现代农业、生态旅游业，城市重点发展高端服务业，城乡之间产业联系紧密。

在"一轴"区域二元组织农村偏向型模式运行过程中，鄂州市政府等他组织通过采取农村偏向战略，实行城乡均等的制度、政策，以确保城乡经济系统协调发展。

第一，构建大梁子湖生态旅游发展格局。在保护生态环境的前提下，推进"一轴"区域梁子湖（岛）、红莲湖、梧桐湖、长港开放开发；高标准建设环梁子湖创意产业园及院士会所，着力打造环梁子湖高科技产业圈；推进百里长港生态治理工程建设，着力营造水清、岸绿、景美、船畅的长港自然生态风光带。

第二，优化城乡产业结构。一是大力发展生态旅游业。构建大旅游格局，整

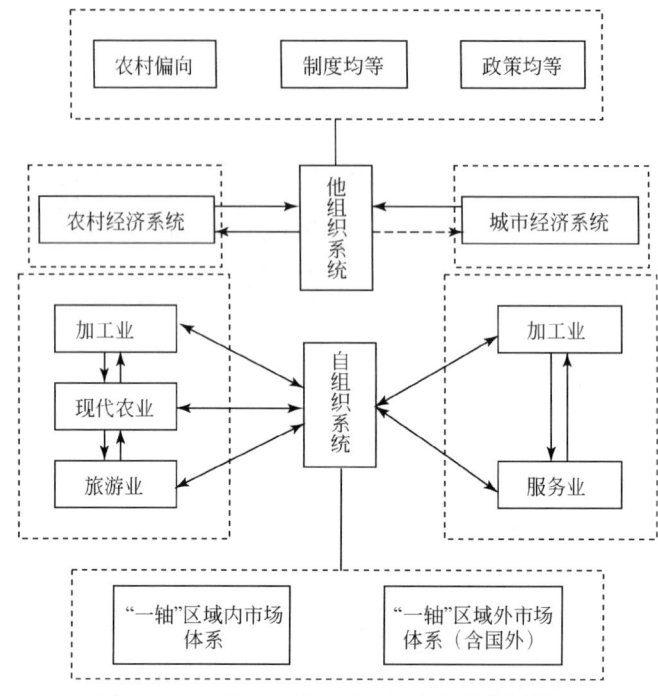

图 6-4 "一轴"区域二元组织农村偏向型模式

注：图中同一虚线框的内容属于同一系统，实线箭头表示作用较强，虚线箭头表示作用较弱

合生态旅游资源，系统开发梁子湖湖岸景观带，以及月山、太和清峰寺、沼山森林公园、公友-涂镇森林公园等景区；开发茶油、胡柚、红尾鱼、千张皮等旅游商品，延伸城乡旅游产业链。二是大力发展现代农业。以市场为导向，依托凤凰天豫薯业、湖北振源、浙湖互爱花卉、梁子湖绿色食品等公司，实施政府投资参股、争取财政贴息、鼓励农民入股合作等优惠政策，推广"大户带农户、基地连大户、龙头企业带基地"模式，建设水产、林果、胡柚、畜禽、花卉苗木、红薯茭头药材等产业板块。并在此基础上，引导农业标准化生产，推动农业向产业化、集约化、企业化方向发展。三是大力发展绿色产业。"一轴"区域风力发电指标超过国家标准，适宜大规模开发，具有竞争优势。抓住国家重视新能源产业发展的有利机遇，将其作为新的增长点及战略性新兴产业来培育，大力发展风能产业，推进绿色产业发展。

第三，加强生态保护。重点实施环梁子湖地区生态保育工程，对环湖地区新增建设项目实行严格控制。加强农业生态区管理，保护乡村地域景观特色及居民点特色，推动农村居民向农村新社区及城镇集中。严格控制乡村居民点及乡村非农建设用地总量，乡村居民点合理布局，实施绿化、美化、净化工程，改善农村居民居住环境，发展农村沼气及庭院经济、绿色农业，创建文明生态村。把新社区和城镇建设结合起来，打造水乡特色的高品位生态城镇。禁止占用基本农田进行非农建设，切实保护优质农田。

6.5　鄂州市主体功能区城乡经济协调发展模式

6.5.1　主体功能区的内涵及特征

主体功能区是基于不同区域的现有开发密度、未来发展潜力及资源环境承载能力，将特定区域确定为具有特定主体功能的一种空间单元（杜黎明，2007）。主体功能区作为一种战略，具有系统性、层次性、阶段性、针对性等特征。

1）系统性。主体功能区依据区域发展基础、资源环境承载能力和在不同层次区域中的战略地位等因素，确定区域发展模式及总体要求。

2）层次性。主体功能区可以依据不同的空间尺度进行划分，既可以以乡镇为基本单元，又可以以市县为基本单元，关键取决于对主体功能区空间管理的要求及能力。

3）阶段性。主体功能区的类型、范围及边界在一定时期内保持相对稳定，但可以随着区域发展基础、能力和战略地位等因素的变化而进行调整。

4）针对性。主体功能区中的优化开发、重点开发、限制开发及禁止开发的"开发"主要是指大规模工业化、城镇化人类活动（高国力，2007）。

6.5.2　实施主体功能区战略的重要性

实施主体功能区战略对提高区域资源利用率、增强区域宏观调控有效性，促进区域城乡经济协调发展具有重要意义。

第一，实施主体功能区战略是加快转变区域城乡经济发展方式的需要。目前，鄂州市资源环境状况对区域城乡经济发展已经构成严重制约。有的地区"摊大饼"式地发展，超强度开发，严重超过了资源环境承载能力。有的地方城镇建设遍地开花，大量侵占良田，造成城乡经济结构扭曲。有的生态功能区还存在盲目开发现象，造成生态退化。实施主体功能区战略，可以根据区域城乡资源环境条件优化城乡经济布局，合理发挥不同区域经济发展与人口集聚、生态保护功能，有利于促进城乡经济发展方式转变。

第二，实施主体功能区战略是促进区域城乡协调发展的需要。实施主体功能区战略的目的是以最少的资源消耗和环境代价，实现区域城乡经济尽可能好的发展。通过确定不同区域主体功能定位，统筹谋划区域城乡经济布局、人口分布、资源利用、环境保护及城镇化格局，明确开发方向、强度及政策，逐步形成可持续发展的城乡经济开发格局。一些发达国家或地区的经验表明，工业和服务业密集区往往是人口、资源、环境承载能力较强的区域，而其他大部分国土往往是农林牧渔产业区或是保持着自然状态。例如，按工业、交通、居住等建设用地占国土总面积比例来衡量，德国只有12%，日本只有8.3%，荷兰只有13%（曾培炎，2008）。当前鄂州市工业化、城镇化进程明显加快，要合理规划土地开发，引导不同区域人口相对集中居住、产业相对集聚发展，这有利于促进城乡生产要素空间优化配置及跨区域合理流动，形成区域城乡优势互补、分工协作、协调发展的格局。

第三，实施主体功能区战略是促进区域城乡产业一体化的需要。主体功能区的确定基本上不受行政区划的影响，其主要依据各区域的自然条件及经济因素（周文，2008）。因此，构建跨行政区的主体功能区，有利于优化城乡生产力布局及产业结构，引导城市资金、技术、管理、人才等生产要素向农村合理流动，能够增强城市对农村，以及工业、服务业对农业的带动作用，从而加快城乡产业一体化进程。

6.5.3　鄂州市三类主体功能区城乡经济协调发展模式

根据鄂州市不同区域的现有开发密度、未来发展潜力及资源环境承载能力，鄂州市可以将市域划分为优化开发区、重点开发区、生态保护区三类主体功能区，并结合鄂州市实际，相应选择三种城乡经济协调发展模式，对主体功能区实行分类管理，在充分发挥市场基础性作用的同时，发挥好政府的主导作用，通过采取创新行政体制、财政政策、投资政策、产业政策、土地政策、人口政策、绩效评价体系等推进主体功能区发展，从而促进区域城乡经济协调发展。

6.5.3.1 优化开发区：二元组织城市偏向型模式

优化开发区主要是以主城区为核心，包括凤凰、古楼、西山办事处的全部及鄂城区泽林镇、新庙镇等区域，是未来承担城市综合服务功能的区域，宜选择二元组织城市偏向型模式（图6-5）。

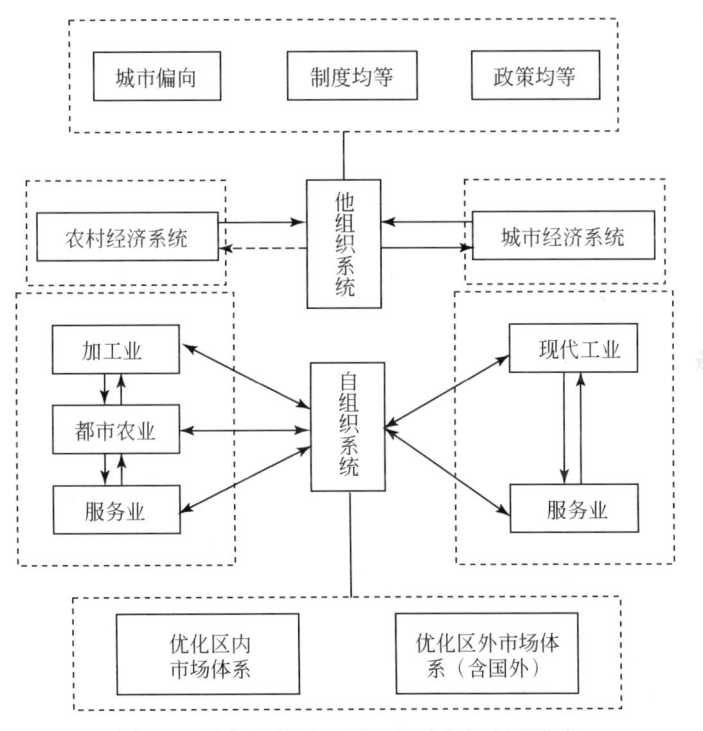

图6-5 优化开发区二元组织城市偏向型模式

注：图中同一虚线框的内容属于同一系统，实线箭头表示作用较强，虚线箭头表示作用较弱

从图6-5中可以看出，优化开发区二元组织城市偏向型模式具有以下特点：第一，他组织对城市经济作用较强，对农村经济作用较弱；第二，城乡经济依托

优化开发区内、外两个市场发展；第三，城乡产业在二元组织作用下，城市重点发展现代服务业、现代制造业，城乡之间产业联系紧密。

优化开发区突出转变经济发展方式的绩效，在二元组织城市偏向型模式运行过程中，鄂州市政府等他组织通过采取城市偏向战略，实行城乡均等的制度、政策，以确保城乡经济系统协调发展。在二元组织作用下，主要发展城市经济，以提供工业品及服务产品为主体功能，着力把主城区做大做强，加快实现城市现代化，不断增强主城区对全市城乡经济的辐射带动作用，把主城区建设成为鄂州市经济、政治、文化中心。

6.5.3.2 重点开发区：二元组织城乡均衡型模式

重点开发区主要是以鄂州市境内武黄高速公路与长江沿线之间地区为主，包括鄂城、华容等部分区域，是鄂州市现代城市服务功能、城镇化人口集聚区和现代制造业的主要承载区，具体可以分为鄂城新区、葛华城区、三江港区三个主体功能区，可以选择不同的二元组织城乡均衡型模式（图6-6、图6-7、图6-8）。

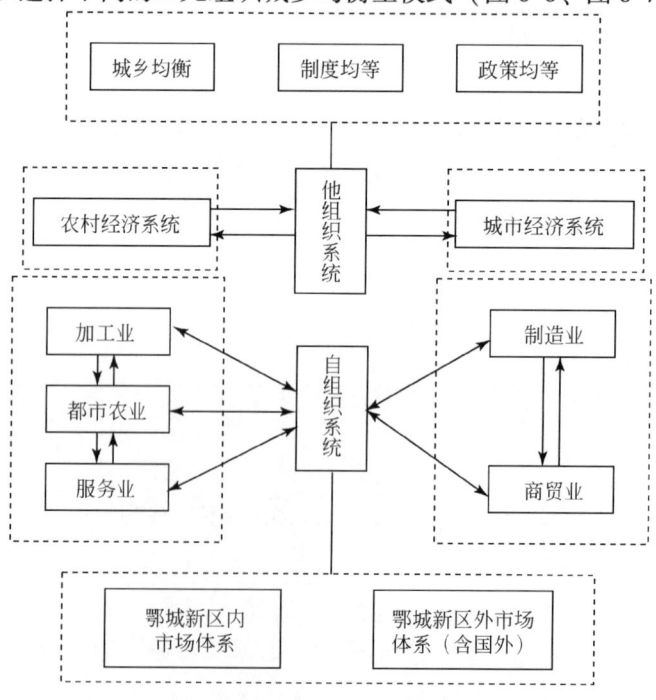

图6-6 鄂城新区二元组织城乡均衡型模式

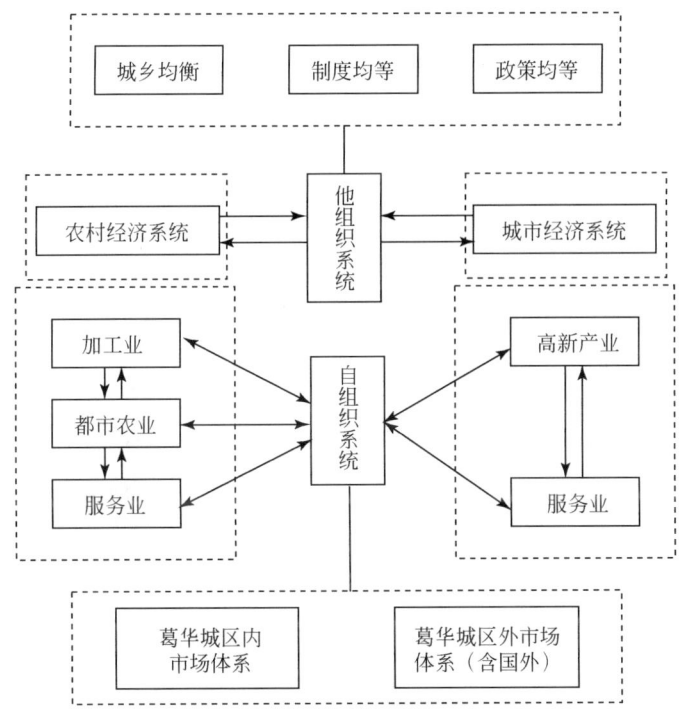

图 6-7 葛华城区二元组织城乡均衡型模式

重点开发区突出工业化、城镇化、农业现代化绩效，在二元组织作用下，各区在发展城市经济的同时，注重农村经济发展，以提供工业品、服务产品和特色农产品为主体功能，以实现主体功能区城乡经济协调发展。

鄂城新城区（包括燕矶、杨叶、花湖、汀祖等城镇）以黄石市区、花湖开发区为依托，利用黄黄高速、大广高速、汉鄂快速通道在花湖互通的地理优势，重点发展高端居住、商贸物流业、城郊休闲旅游、都市农业、建筑业、先进制造业及高新技术产业，建设成鄂州市东南部生态型滨水工贸城。

葛华城区以武汉高新区为依托，以华容区、葛店开发区为基础，加快与武汉的深度对接与全面融合，重点发展电子信息、生物医药等高科技产业和现代都市农业、商贸服务业，实现从以工业生产功能为主向生产与生活相配套的综合功能转变，建设成鄂州市西部的经济文化中心，建设成武鄂黄城市带上重要的现代制造、生物产业、科技创新基地和具有滨江滨湖特色的生态科技城。

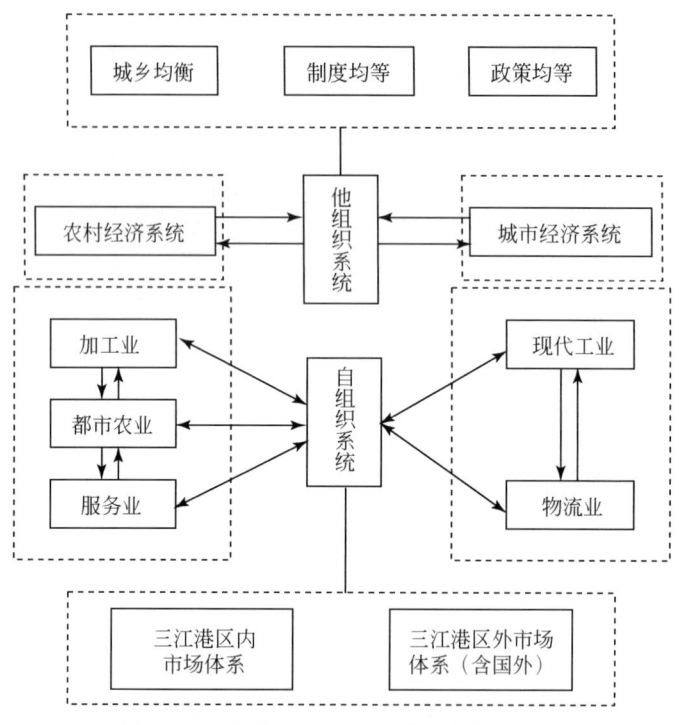

图 6-8　三江港区二元组织城乡均衡型模式

三江港物流区（包括蒲团、段店、杜山等城镇）按照武汉新港南岸核心港区的定位高标准规划建设，依托"铁、公、水"复合交通优势，以鄂钢产业园区、武汉新港三江港区及再生资源产业园区等为重点，以仓储物流、现代制造、新型建材、日用轻工等产业为基础，大力发展现代港口物流业、现代工业和都市农业，重点发展仓储业、物流平台、集装中心及配送中心等生产性物流业，建设成长江中游区域性物流中转基地和集城市、产业、港口于一体的现代化临港城。

6.5.3.3　生态保护区：二元组织农村偏向型模式

生态保护区主要包括梁子湖全部、鄂城区长港镇、华容区的庙岭镇等区域，是城市总体规划纲要确定的主要生态开敞空间系统，是生态环境良好的生态涵养与优质农业区域，以及各类重要的生态功能保护区域，宜选择二元组织农村偏向型模式（图6-9）。

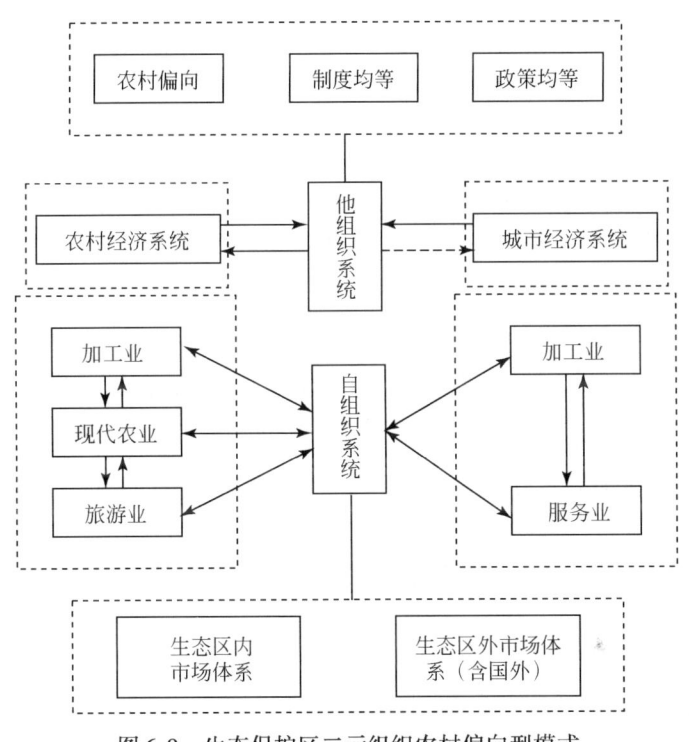

图6-9 生态保护区二元组织农村偏向型模式

生态保护区突出生态保护、农业发展的绩效，在二元组织作用下，以武汉为核心，以建设大梁子湖生态旅游区为主要载体，以发展现代生态产业为主体功能，发展生态农业、生态旅游、研发设计、服务外包等现代产业，强化生态涵养功能，对自然保护区、基本农田保护区、湿地公园、森林公园等区域实行强制性保护，有序引导农村人口向区外迁移，形成合理的生态保护与开发空间，建设成服务武汉城市圈、面向华中地区的综合性生态城。

7 促进城乡经济协调发展的对策建议

根据本书前面对城乡经济协调发展评价及模式选择的分析，协调推进城镇化、工业化、农业现代化、高新化、生态化是城乡经济协调发展的必然趋势。鄂州市促进城乡经济协调发展应注重顶层设计，从优化城乡经济协调发展模式入手，针对城乡产业结构失衡、科技支撑不强、发展后劲不足，以及城乡制度、政策不合理等制约城乡经济协调发展的突出问题，强化农民增收政策，实施结构优化、区域创新和绿色发展战略，强力推进制度创新，从而促进城乡经济协调发展。基于此，作者提出若干促进鄂州市城乡经济协调发展的对策建议。

7.1 强化农民增收政策，促进城乡经济协调发展

农民增收问题是城乡经济协调发展的核心问题。增加农民收入是城乡经济协调发展的关键。改革开放三十多年以来，特别是近几年来，中央出台了一系列强农惠农富农政策，在一定程度上促进了农民增收。但是，由于受多种因素的影响，目前鄂州市城乡经济发展进程中农民增收问题及深层矛盾十分突出，增收任务十分艰巨。促进农民增收是一项复杂的系统工程，涉及方方面面的工作。总体上来看，农民增收应主要依靠农民自己的努力来实现，而政府的职责则是为农民增收创造良好的发展环境。因此，政府要从实际出发，注重培育现代职业农民[①]，强化农民增收

---

①现代职业农民就是与现代农业发展相适应、以农业为终生职业、具有较高素质和能力的新型农民，其特征是有文化、懂技术、会经营、能创富。主要包括以下人员：从兼业农民中成长起来的素质较高的务农职业者，如种植能手、种植大户、农场主；农民专业合作社、农业企业的农业工人、农业经营管理人员；从农业院校毕业回农村在农业领域创业的新型农民；为农业服务的农机手和农业技术员（焦守田，2004）；由城市回归到农村创业的新型农民。朱启臻和闻静超（2012）认为，现代新型职业农民具有较高的市场主体地位、稳定的职业、高度的社会责任要求，是未来现代农业经营的主导力量，其成长需要特定的社会环境，包括土地流转制度、新型的城乡关系和尊重农民的社会心理环境，也包括提供完善的教育服务。对现代新型职业农民进行教育的内容不仅要有农业科技教育，还要包括农业的本质、农业发展理念、农业文化与农业管理等内容。

政策，从推进转变农民增收方式入手，采取多种措施促进农民增收。

7.1.1 大力增加农民工资性收入

1）大力发展县（区）域经济。按照新型工业化、城镇化要求，制定有效政策引导城市资金、技术、管理、人才等要素向县（区）域流动，为发展县（区）域经济提供资源及政策支撑，增强县（区）域经济对农民非农就业增收的带动能力。加快农村新型工业化进程，促进产业合理布局，积极引导劳动密集型产业向县（区）域转移，大力培育特色支柱产业。扩大县（区）域发展自主权，促进财力分配向县（区）域倾斜，稳步推进扩权强县（区）改革，增强县（区）域经济发展活力。加快新型城镇化进程，大力发展县（区）以下小城市，开展镇级小城市试点工作，依法赋予人口吸纳能力强、经济发展快的小城镇相应的行政管理权限，增强小城镇辐射农业经济、带动农民就业、促进农村消费的作用，使更多的农民进城从事第二、第三产业，有效减少农民及农村人口，促进城乡二元结构弱化，在推进县（区）域经济发展进程中促进农民增收。

2）大力推进新农村建设。通过以工代赈、以奖代补等方式，组织农民大规模开展整治土地、兴修水利、修桥筑路、植树造林、治理人居环境，以增加农民就业机会促进农民增收。

3）加大农村人力资本投入力度。大力发展农村职业技术教育，加强对农民工技能培训，建立完善农村职业培训与就业体系，切实提高农民依靠专业技能就业增收的能力。

7.1.2 着力增加农民家庭经营性收入

1）着力推进农业产业化。从提高农业生产效率入手，着力培育农业生产要素市场，让农村劳动力、土地承包经营权及资金市场活跃起来，通过农业要素充分流动实现农业规模经营，从而增加农民的农业生产经营性收入。积极培育和壮大一批农业产业化龙头企业，建立完善"公司+基地+农户"的农业产业化经营模式，通过农产品加工及产业化经营带动区域性农业产业链延长、支柱产业形成及农民充分就业来保证农民收入增加。以食品加工业为重点，弥补农业产业缺体及农村产业空洞，让农民分享农产品分级、加工、包装、运销等环节的附加价值，以增加产品附加值促进农民增收。加快现代都市农业示范区、农产品加工园等园区建设，加大农村工业技术创新力度，建立完善质量标准体系，提高食品安全及农业生产标准化水平，增强农产品市场竞争力，以农产品质量促进农民增收。利用农村景观资源丰富的优势，发展休闲、观光、旅游等农村服务业，让农民在农业功能拓展中增加收入。

2）着力对农产品实行价格保护。密切跟踪国内外农产品市场变化，灵活运用多种手段，适时加强宏观调控，力求避免农产品价格下行，以防谷贱伤农，确保农民经营性收入稳步增加。

7.1.3　努力增加农民财产性收入

1）盘活农村土地资产。农村居民对其承包地（包括耕地及林地）、宅基地拥有用益物权。随着农村改革深化，农民承包地经营权的依法流转和农村集体建设用地土地使用权的规范转让，将为农村居民创造出家庭财产性收入的增量，农民家庭财产性收入将逐步成为农民收入的重要支撑。要加快推进农村宅基地使用权、集体土地所有权等确权、登记、颁证工作。积极探索建立超占、闲置宅基地退出机制，加大宅基地复垦及集体建设用地整理力度，积极开展土地利用指标跨地区交易试点工作，以新增集体建设用地指标为交易对象，探索土地间接交易模式，切实盘活农村土地资产。积极推动耕地及林地流转，增加耕地及林地流出者的财产性收入。

2）促进集体资产保值增值。着力打通农民通过集体资产获取收益的通道，让集体资产增值收益逐步成为农民财产性收入的重要来源。

3）引导农民科学理财。根据农民金融知识少、资金额度小、风险承受能力弱等特点，政府部门及金融机构应强化服务意识，积极开展理财知识进农村活动，切实提高农民理财意识及能力。

7.1.4 稳步增加农民转移性收入

1）提高农业补贴。依据农资价格上涨幅度及农作物实际播种面积，及时增加农业补贴，加大良种、农机具购置及农资综合补贴力度。

2）确保公共财政农业农村投入足额到位。实行公共财政向农业农村倾斜政策，做到财政支出、预算内固定资产投资、土地出让收益重点投向农业农村建设，确保总量、增量和质量均有提高。

3）提高新型农村合作医疗报销标准，增加新型农村养老保险基础养老金，提高农村最低生活保障水平。

4）加大农村扶贫开发力度，对有劳动能力的贫困人口实行扶贫开发全覆盖，确保农村贫困家庭人均收入增幅高于全市农民人均收入增幅。

7.2 优化城乡产业结构，促进城乡经济协调发展

通过考察分析国内外城乡经济协调发展特点可以发现，城乡经济协调发展比较好的区域一般都比较注重发挥城乡资源比较优势，培植特色优势产业，强化第一、第二、第三产业间联系，形成区域城乡产业协调发展格局。鄂州市要立足资源优势，理顺城乡产业发展思路，突破"城市发展工业、农村发展农业"的传统思维定式，以工业理念谋划农业发展，以工业发展促进农民就业，以工商资本壮大现代服务业，构建沟通城市与农村两个区域、链接三次产业空间的城乡产业链，形成三次产业协调发展的局面，切实优化城乡产业结构，实现城乡产业规模扩张、质量提升，从而为促进城乡经济协调发展打下坚实基础。

7.2.1 发展现代都市农业

发挥农业资源比较优势，适应国际国内市场，特别是武汉城市圈城市农产

品市场的需求，在发挥农业生产食物与纤维等传统功能基础上，注重发挥农业观光休闲、环境保护等多种功能，优化农业产业结构，大力发展水产、蔬菜、林果、畜牧等产业，提高农业特色化、专业化、集约化、标准化、高效化水平，增强农业综合生产能力、抗风险能力和市场竞争力，促进现代都市农业快速发展。

1）大力发展水产业。围绕"特色、市场、效益"做文章，重点发展特色渔业、效益渔业、休闲渔业（谢松保，2002）。重点开发好武昌鱼、梁子湖螃蟹等特色品牌，将其做大做强。搞好武昌鱼养殖基地、优质珍珠精养基地、围栏养蟹基地等名特优养殖基地建设，注重提高水产品的附加值，对已占领一定市场的豆豉武昌鱼等名优产品，进一步提高质量和水平，不断提高市场占有率。高标准建设休闲渔业旅游景点，开展"渔家乐"等特色旅游活动，培植旅游渔业品牌，吸引城市居民到农村休闲观光，促进农村服务业发展。

2）大力发展蔬菜业。调整优化蔬菜种植布局结构，发展"一村一品"、"一镇一业"蔬菜经济，着力扩大无公害蔬菜种植规模，扶持推进蔬菜规模化、专业化生产，形成一批特色蔬菜专业村镇。杨叶突出精细菜，杜山、临江突出反季节蔬菜，燕矶、新庙突出红菜苔，花湖、沼山、太和、东沟突出莲藕，梁子湖突出菱头，蒲团突出西甜瓜生产，切实提高蔬菜生产效益。

3）大力发展林果业。积极发展以花卉苗木、经济林果、森林旅游、森林食品等为主的林业生态产业，培育苗木花卉产业专业村、专业镇，形成适应市场需求的特色苗木花卉产业集群，打造苗木花卉产业链，使苗木花卉市场链条延伸到武汉城市圈、珠江三角洲、长江三角洲乃至国际市场。

4）大力发展畜牧业。鼓励农户发展生态畜牧业，依托畜禽饲养及加工龙头企业，引导集约化养殖。重点建设樊湖沿线、长江沿线养殖基地，大力推进标准化养殖示范园建设，推动畜牧业科技进步，促进畜牧业快速健康发展。

7.2.2　发展现代工业

发挥本地资源优势，迎接第三次工业革命①，走新型工业化道路，促进信息化与工业化深度融合，着力发展高新技术产业及战略性新兴产业，大力发展先进制造业，加快传统产业转型升级，促进工业产业集群发展。

1）加快建设下一代信息基础设施，推进信息网络技术广泛运用，发展现代信息技术产业体系，促进电子信息产业集群发展。

2）促进电能、太阳能等绿色能源产业集群发展。

3）促进塑料精密模具、环保机械设备、数控设备、光机电一体化设备、冶金机械、大型卷板机、船舶制造等装备制造产业集群发展。

4）促进钢铁、球团等绿色冶金产业集群发展。

5）促进氨基酸、抗病毒药物、抗菌类药物、抗癌类药物、保健食品等生物医药产业集群发展。

6）促进石油化学工业产业集群发展。

7）促进绿色建材产业集群发展。

8）促进建筑业集群发展。

9）促进服饰、制线、纺织品等轻纺产业集群发展。

总之，要通过实施"工业集群化成长工程"，调整和优化工业产业结构，构建绿色、集约、高端工业体系，不断提高工业核心竞争力，实现工业经济量的跨越和质的提升，为城乡经济协调发展打下坚实基础。

---

① 杰里米·里夫金（2012）认为，"经济和社会变革总是来自新能源与新通信方式的交汇。"他预言，一种建立在互联网和新能源相结合基础上的新经济即将到来，全球正迎来第三次工业革命。第三次工业革命就是目前新兴的可再生能源技术和互联网等新通信技术出现、使用和不断融合后，将带给人类生产方式及生活方式的再次巨大改变。第三次工业革命具有高效化、小众化、智能化、园区化、网络化等特征，呈现全球制造、柔性制造、智能制造、绿色制造、服务型制造等趋势，智能软件、新材料、机器人、新的制造方法将形成合力，产生足以改变经济社会进程的巨大力量。新的工业革命将是颠覆性的，如同纺织厂消灭了手工织布技术，福特"T"轿车让传统手工铁匠下岗。

7.2.3　发展现代城乡服务业

立足城乡服务业优势，重点发展生活性服务业和生产性服务业，推进服务业与制造业相融合，提升服务业层次与规模。以旅游、物流、房地产、文化等服务业为重点，着力建设梁子湖旅游、红莲湖房地产、三江港物流等现代服务业密集区，促进城乡服务业协调发展、跨越发展。

1）加快发展旅游业。旅游业由"游、购、娱、吃、住、行"六要素构成，是永远有活力的综合性朝阳产业。加快推进旅游业成为战略性支柱产业，重点开发特色旅游资源，打造特色旅游品牌，加快旅游产业转型升级，构建大梁子湖绿色生态旅游产业体系。

2）加快发展城乡物流业。加快构建现代城乡交通运输体系，加强城乡市场体系特别是三江港物流中心建设，构建城乡一体的商业格局。积极引进大型商业集团在市域城乡开设加盟店、直营店，加快发展现代物流、配送专卖、连锁经营等农产品现代营销业态及流通方式，引导鲜活农产品基地与大型农产品超市建立购销合作关系，形成产业链，实现农超对接，构建贯通城乡的农产品市场网络体系。

3）加快发展城乡房地产业。鄂州市城乡一体化程度较高，是"武汉的后花园"，发展房地产大有可为。要围绕新型城镇体系，制定及完善房地产业发展规划，力求规划设计不同层次需求的工业、商用、居住、度假、休闲、旅游等房地产产品，促进城乡房地产业持续协调发展。

4）加快发展城乡文化产业。加快发展文化创意产业、传统文化产业、文体娱乐业等文化产业，不断提升文体产业质量和水平，不断满足城乡居民日益增长的精神文化需求。

5）加快发展城乡中介服务业。大力发展金融、保险、税务、会计、审计、法律咨询、研发设计、外包服务等服务业，加快服务平台建设，推进城乡服务业跨越式发展。

6）加快发展城乡社区服务业。重点搞好面向城乡社区居民的家政服务、物业管理、法律咨询、体育健身、文化娱乐、卫生保健等社会化服务，加快农村新社区便利店、综合超市等商业服务连锁网点建设，促进城乡社区服务业规范化、连锁化、品牌化发展。

7.3　构建城乡区域创新体系，促进城乡经济协调发展

城乡区域创新体系与产业集群是相互关联、相互作用的有机统一体。一方面，区域创新体系对产业集群发展具有支撑性作用；另一方面，城乡产业集群对区域创新体系建设具有基础性作用。当前，针对城乡产业集群技术支撑不足的问题，鄂州市要把构建基于城乡产业集群的区域创新体系作为政府推动城乡经济协调发展的重大战略举措来抓。

7.3.1　改革城乡二元科技体制，构建基于产业集群的区域创新体系

适应城乡经济协调发展需要，进一步明确地方政府科技职能，赋予地方政府科技资源配置、政策保障、创新激励及系统维护职能。尤其要注意发挥好其对创新系统的建设及维护职能，结合城乡产业集群化发展要求，主导建设并维护好其在地理上相互关联而又相互分工的生产企业、地方政府机构、研究及教育培训机构、咨询服务机构、金融机构等构成的区域创新体系。与此同时，还要建立完善科技管理体制、科技服务体系及科技监督考评机制，确保区域创新体系高效运行（陈本燕和张翼，2010）。

7.3.2　构建城乡产业研发平台，加强区域科技基础建设

基础性科技工作是科技创新的源泉，因此要加强基础性科技工作建设，为区域创新体系中的城乡产业集群发展提供科技支撑。为此，需要建立具有专业性、公益性特点的城乡产业研发平台或基地，这是实施基于城乡产业集群的区域创新

战略的重要切入点。政府与产业部门要起到支撑及服务作用，通过建立完善各种政策法规，协调、保障各方利益，引导集群中不同组织积极参与并形成强有力的科技创新网络，确保平台的高效运行；尤其要对影响城乡产业集群发展的某些共性的关键技术、基础性科研进行扶持开发，促进企业进行技术创新。

7.3.3　营造良好的发展环境，积极融入全球产业价值链体系

鄂州市推进城乡产业集群发展的一项十分重要而紧迫的任务是不断增强企业在市场中的核心竞争力。随着产业区域化、全球化联系日益增强，区域创新体系日益呈现开放态势。站在参与国际竞争的高度，积极应对产业全球化大趋势，目前发展城乡产业集群的当务之急是政府要努力营造良好的发展环境，以一流的服务及环境招商引才，积极融入全球产业价值链体系，全面、深入开展对外经济技术交流与合作（王立成，2006）。特别要注重加强鄂州市城乡产业集群的产品出口基地建设及国际营销网络的建设，使企业在品牌知名度、产品质量、研究开发、知识产权及供应链等方面都具有相应的国际竞争力。

7.3.4　促进产业集群创新网络发展，充分发挥技术联盟作用

集群内各主体间的紧密协作是集群创新网络构建的基础，推进集群创新网络的发展也是推动集群升级，带动城乡经济协调发展的重要途径。因此，政府要积极促成"产、学、研、官、商"等创新主体之间形成有效的合作网络，使知识传播、扩散得以进行，从而确保集群创新要素与创新网络之间实现协同互动。尤其是要鼓励、支持区域内企业之间展开技术联盟。通过技术联盟，可以发挥各企业、组织、机构及个人的优势，实现能力互补和节约投入成本，从而提高企业在产品研发、生产、营销等方面的能力，增强企业核心竞争力。政府在引导技术联盟构建过程中，要加强在环境营造、基础信息建设及优惠政策方面的投入，建立完善法律法规来保障技术联盟活动的顺利进行，并有效协调各成员之间的利益冲突，努力营造互动共赢局面。

7.3.5 塑造促进城乡产业集聚发展的信任、合作的区域创新文化

从国内外典型城乡产业集群区域的发展经验来看，基于特定社会关系的"信任"与"承诺"是维系集群内分工协作网络的核心。借鉴国内外城乡产业集群的成功经验，结合城乡产业集群固有的文化特征，吸收中华传统文化的精华，鄂州市城乡产业集群要培育一种集群文化，其基本特征是：开放型、专业化的生产方式，敢冒风险、宽容失败的创新精神，充分信任、无缝合作的人际关系。同时，政府要通过舆论宣传等手段大力推进这种集群文化的形成，加强行业自律性社团组织建设，实现行业自律与政府监管并举，共同抵制无序竞争，促进市场秩序规范化。

7.4 探索绿色发展之路，促进城乡经济协调发展

党的十七大首次提出了建设生态文明的重大历史任务，十八大对提高生态文明水平提出了更高要求。绿色发展模式是生态文明建设的必然选择，是城乡经济协调发展的内在要求。在促进城乡经济协调发展进程中，必须走绿色发展之路。当前，面对日趋强化的资源、环境约束，鄂州市必须增强生态危机意识，树立尊重自然、顺应自然、保护自然的生态文明理念，坚持走绿色发展之路，加大绿色改革力度，大力推进绿色城市和美丽乡村建设，健全节能减排激励约束机制，构建资源节约、环境友好的生产方式、消费模式，不断增强城乡经济协调发展能力。

7.4.1 实行绿色改革

构建绿色发展模式，建立健全生态建设长效机制，强化区域城乡生态共建与协同共生，激励生产者提供绿色产品或服务，消费者消费绿色产品或服务。一是在能源政策方面，优化能源消费结构，大力削减煤炭需求与使用量，大力提高天

然气使用率、普及率，大力使用外地或进口电力，大力扶持鼓励使用太阳能、风能。二是在环保政策方面，明确减少二氧化硫、氮化物和机动车铅排放量的控制指标，并征收二氧化碳排放税及其他污染气体排放税。三是在节能减排管理方面，推进生产、消费、流通各个环节的节能减排及资源循环利用，建立完善公平、合理的生态补偿机制，严格依法依规治理，对违反环保法等法律的企业及个人予以严惩。

7.4.2　发展绿色产业

促进高技术产业、战略性新兴产业及现代服务业加快发展，积极发展循环经济，大力发展碳汇产业，以节能环保为重点对传统产业进行技术改造，大力淘汰落后产能，构建绿色产业体系。

1）在农业发展方面，实行退耕还林、退耕还湖及退耕还草政策，按照生态系统功能，发展多样化、多元化的绿色水产、蔬菜、林果、畜牧等产业，发展绿色食品、绿色药品、绿色植物等无公害、有市场、附加价值高的农产品。

2）在工业发展方面，抓住"青阳鄂"国家级循环经济示范园区建设机遇，加快鄂州市经济开发区循环经济示范区建设，重点发展绿色钢铁深加工、装备制造、焦化副产品加工、新型建材、有机废弃物加工等循环经济产业链。针对鄂州市工业结构偏重、工业粗放发展和高排放的负面影响较大等问题，加快推进工业转型，走低投入、高产出、低消耗、少排放的绿色发展之路。对引进项目实行环保一票否决，实现绿色发展一步到位。全面清理污染型企业，坚决淘汰小钢铁、小选矿、小水泥、小印染等高污染、高能耗的落后产能，为绿色产业腾出发展空间。

3）在贸易发展方面，目前，全球绿色市场、绿色消费已经成为一个发展潜力巨大的新型消费、新兴市场，绿色贸易成为区域城乡经济的重要组成部分，鄂州市要结合实际，针对日益严格的绿色贸易壁垒，大力发展绿色贸易、绿色物流。

7.4.3 实施绿色工程

1）森林资源保护与开发工程。森林不仅具有固碳、释氧、固土、保肥、滞尘、涵养水源等生态服务功能，还是重要的绿色产业，有着可观的经济效益。2008年，鄂州市林业总产值达5 927万元，还带动了森林旅游业及相关服务业发展。鄂州市要高度重视森林资源保护与开发工作，把植树造林作为重大工程来抓。

2）湿地资源保护与开发工程。湿地作为"地球之肾"，具有重要的碳汇、蓄水等生态功能。鄂州市梁子湖湿地水草丰茂，栖息着多种野生动物。近几年来，由于过度开发遭到了严重破坏。鄂州市对梁子湖湿地的保护及开发要引起高度重视。

3）低碳技术与循环经济开发工程。积极发展低碳技术及循环经济是实现低排放、低能耗关键环节。目前，发展低碳技术及循环经济已成为发达国家或地区经济发展的一个潮流。针对粗放型发展模式已经难以为继的实际情况，鄂州市必须顺应历史潮流，实施低碳技术与循环经济开发工程，在开发利用太阳能、风能及沼气等生物质能源新能源产业方面取得突破。

4）防灾减灾体系建设工程。推进长江鄂州段、梁子湖、红莲湖、花马湖等综合治理，增强城乡防洪能力。开展自然灾害风险评估，对危险区域生产生活设施实行合理避让。建立完善地质灾害易发区防治体系、调查评价体系、预警体系及应急体系，确保城乡居民生命财产安全。

7.5　推进制度创新，促进城乡经济协调发展

制度经济学家诺斯曾经指出，"政府政体可以显著的塑造经济绩效，因为他们制定和执行经济规则。因此，经济发展政策的一个基本方面是政体的创造，进而创造和执行有效的产权。不管怎么说，我们对于如何创造这种政体知之甚少"

（谭崇台，1999）。作为内生变量，制度①对一个国家或地区的城乡经济发展具有明显的影响。长期以来，影响鄂州市城乡经济协调发展的制度因素是多方面的，城乡二元土地制度、金融制度、户籍制度等制度使城乡土地、资本、劳动等生产要素不能自由流动，城乡二元公共品和公共服务供给制度使城乡发展条件两极分化，对城乡经济协调发展具有巨大阻碍作用。目前，鄂州市在促进城乡经济协调发展过程中，要加大制度创新力度，重点在城乡土地制度、城乡金融制度、城乡户籍制度、城乡公共品和服务供给制度等方面取得突破，扫清城乡经济协调发展的制度壁垒，以制度创新促进城乡经济协调发展。

7.5.1　推进城乡土地制度改革

土地作为农民最重要的生产要素，是农民的命根子。土地制度作为一种产权制度，其是否合理对城乡经济协调发展影响重大。因此，要不断改革城乡土地制度，使之适应城乡经济协调发展的客观需要。当前，针对城乡土地制度存在的突出问题，要采取积极稳健的措施来确保农民的土地权利，切实减少现行土地制度中内含的不确定性，确保农民土地权益。

1）完善土地流转制度。要全面开展农村土地确权、登记、颁证工作，在进一步明确农民土地承包经营权的权能和宅基地用益物权的内涵、实现形式的基础上，为农民颁发具有法律效力的宅基地使用权证书及土地承包经营权证书，加快构建统一的农地权利登记体系。坚持"依法、自愿、有偿"原则，提倡适度规模经营和发展家庭农场、农民合作组织，培育专业农户。科学制定土地流转合同范本，及时做好土地流转服务工作，引导土地流转当事人之间进行直接交易，切实将规范土地流转落到实处。尤其是在土地流转过程中要严格用途管制，以防工

---

① 汉语中，制度的"制"有节制之意，"度"有尺度之意，制度是节制人们行为的尺度。诺斯认为，"制度是一个社会的博弈规则，更规范地讲，它们是为人们的相互关系而人为设定的一些制约。"制度分为三种类型，即正式规则（宪法、产权制度和合同）、非正式规则（规范和习俗）和实施机制（这些规则的执行机制）。制度与体制、机制有一定的区别与联系。从广义上讲，体制、机制属制度范畴，制度对体制、机制有制约作用。同时，体制、机制对制度有促进作用。

商企业大规模、长时间租赁及经营农户承包地，防止在农业人口大批转移之前出现大规模土地兼并现象。

2）完善征地制度。严格界定经营性与公益性建设用地征地范围，在规划的引导下，按照"同地同权"原则，建立完善集体与农民分享土地流转增值收益机制，提交农民在土地增值收益中的分配比例，让农民得到更多的土地财产性收入。农地征收补偿要反映农地租金价值及土地增值的变化，劳动力安置补助费标准可根据当地当年城镇职工平均工资的情况进行确定。对农村集体空闲地及公益性用地的征地补偿费要优先用于社会保障性及公益性支出，对农民宅基地等已确权到户的集体建设用地的征地补偿费要全额直接发放到被征地农户。政府及集体经济组织要逐步退出土地征收事务，鼓励采用直接针对被征地农户的货币补偿安置办法。

3）完善农村社区化制度。目前，一方面农民迁徙速度加快，住在农村的很多人将会迁往城镇，村级集中不适宜全面推开；另一方面专业农户由于需要较大面积的房屋存放生产工具，集中居住并不适宜。要协调推进城镇化与农村社区化，在推进城镇化的同时，要尊重农民的意愿，在行政村范围内实行"迁村并居腾地"，注意培育和支持社会组织发展，推进农村社区化。"迁村并居"腾出的土地复垦后，可按一定比例将增加建设用地所产生的土地增值按一定比例补贴给农民。复垦土地的使用用途由农民协商决定，公地收入可作为农村新社区的公共开支。2009 年以来，鄂州市采取向自愿、有偿腾退宅基地的农民置换安置房或出售经济适用房等措施，引导农民向 106 个农村中心村（农村新社区）、10 个特色镇、3 个新城和 1 个主城集中，加快了城镇化、农村社区化进程，取得了较好的效果。

7.5.2 推进城乡金融制度改革

金融是现代经济的核心，金融制度是经济制度的核心内容。城乡二元金融制度是城乡二元经济制度的产物。在城乡二元经济条件下，城乡金融二元经济结构矛盾突出，主要表现为弱小的农村金融体系与庞大的城市金融体系并存、农村金融短缺与农村金融剩余向城市及非农部门单向流动并存，城乡金融发展失调成为制约城乡经济协调发展的重要障碍。因此，推进城乡经济协调发展，必须统筹城乡金融改革，加快农村金融制度改革，加快实现城乡金融协调发展。

7.5.2.1 城乡金融制度变迁的路径选择

制度经济学认为，制度变迁一般是强制性因素与诱致性因素交织在一起的复杂动态变化过程（科斯，1991）。在发展中国家或地区，城乡金融差异较大，政府主导推动城乡金融制度变迁是实现城乡金融协调发展的关键。在经济基础不均衡的前提下，金融制度作为一种外生的制度安排具有很强的先导作用，通过主动的制度设计及倾斜的金融政策，引导资金向农村流动，发展农村经济，推动农村金融与农村经济的协调发展，从而实现城乡经济协调发展。

目前，鄂州市城乡金融发展水平差距较大，城市金融比农村金融发达，而且在循环累积作用下，城乡金融差距不断加剧。推动城乡金融协调发展需要制度创新推动。因此，在城乡经济协调发展背景下，城乡金融协调发展的突破口必须是大力发展农村金融，通过制度确立大幅度向农村倾斜的金融体制机制。根据鄂州市农村金融的特点及目前存在的问题，优化农村金融结构的路径在于完善农村金融体系，重点发展农村中小金融机构，与此同时，对原来金融机构进行改造，建立农村金融结构完善、功能配套、运转协调、竞争有序的机制，形成充满活力的农村金融制度，更好地满足多元化的农村金融需求。

7.5.2.2 推进农村金融制度改革的主要措施

1）健全农村金融体系。建立完善由中国农业发展银行、农村信用合作社、国有商业银行及中国邮政储蓄银行等组成的农村金融体系，形成金融强力支持农业农村发展机制。大力支持发展新型农民信贷互助合作组织。创新金融政策工具，通过采取费用补贴、税收减免等方式，积极引导各类金融机构延伸及发展对农村的金融服务。

2）大力发展农村中小金融机构。不同的金融机构给不同规模的企业提供金融服务的成本及效率是不一样的，大力发展及完善中小金融机构是解决我国中小企业融资难这一问题的根本出路（林毅夫和李永军，2001）。鄂州市农村企业一般都是中小企业，因此要大力发展及完善农村中小金融机构，优化中小企业的融资环境，切实解决中小企业融资难问题。要积极创造条件，发展证券公司、金融租赁公司、融资公司等非银行金融机构。要加快鄂州市金融数据平台建设，建立完善中小企业信用担保机制，积极支持中小企业融资担保及再担保机构的发展，畅通融资渠道，大力支持中小企业直接融资，鼓励国有银行、股份制银行、城市商业银行、信托及投资公司等通过多种形式参与中小企业融资服务，建立完善中小企业投融资体系，支持发展小额信贷及微型金融服务。

3）发展农村社区银行。目前，可以探索三种途径发展农村社区银行：首先是改造，即将现有的农村金融机构，或经营管理良好的公益性小额信贷机构，或对农民合作社的资金互助活动进行规范后将其中经营良好的改造为社区银行；其次是转变，即鼓励将经营良好的贷款公司转变为社区银行；最后是引资，即可以引入民间资本成立社区银行。

4）发展农业保险。加快制定有关农业保险法规，改进政府财政补贴办法。积极实施农业保险的再保险政策。建立由政府及保险企业共同参与的巨灾风险准备机制。大力增加农业保险公司的有效供给，积极支持专业农业保险公司及互助保险机构发展。要采取有效措施减少农业保险中的逆向选择及道德风险。积极探索建立政策性农业保险与商业性保险相结合的农村保险市场体系，不断扩大农业保险覆盖面，逐步建立完善农业灾害风险补偿及转移分摊机制。

7.5.3　推进城乡户籍制度改革

改革户籍制度就是要在一定区域范围内取消农业户口与非农业户口的划分，实行城乡统一的户口登记制度，同时实现城乡居民身份统一、权利平等，从而为城乡经济协调发展创造有利条件。

1）改革户籍登记制度。传统的户籍制度强调对公民身份和地位进行城乡界定，是一种典型的管理功能，如果将这种管理功能弱化，把它转变为一种确认公民出生、住址、职业、学历等方面的自然状况，凸现户籍制度的服务功能，同时与其他的制度改革相协调，就可以使城乡居民能有公平的发展环境。例如，可以借鉴重庆的做法，在城区工作的农民工，只要满足一定的条件，便可登记为城镇户口，农民工就可以获得与市民平等的权利。鄂州市户籍制度改革要以居住地登记户口，以合法固定住址和稳定职业为基本入户条件，实行城乡一体的户籍管理制度。这种户籍制度可以弱化户籍登记的城乡之别，只强调户籍登记对居民身份证明的功能。

2）改革户籍相关配套制度。从鄂州市看，之所以户籍制度改革难度较大，不在于户籍制度本身改革难度大，而在于附着在户籍上的相关配套福利制度改革难度大，其实质是涉及城乡居民平等待遇的一些深层次的制度改革，如就业、教育、医疗、社保等方面的制度改革，这些制度形成了城乡之间在教育、卫生、社保等方面的差别，导致了城乡有别的国民待遇，拉大了城乡经济发展差距。因此，推进改革户籍制度，必须改革与户籍相关的配套制度，以切实为城乡经济协调发展提供制度保障。

3）建立健全农民市民化制度。户籍制度改革的焦点问题是农民市民化问题。农民市民化是指农民流入城市就业并长期生活，成为城市新市民及逐步融入城市的过程，在这个过程中，进城农民工获得城市居民的身份及平等权利，从而融入城市社会，成为真正意义上的"市民"（韩俊，2010）。改革户籍制度，可以以解决农民市民化问题作为突破口。鄂州市要根据当前农民分化越来越多、越来越活跃的特征，正确认识和处理农民职业化、农民兼业化、农民市民化的关系，顺应农民工市民化的要求，探索建立完善农民工市民化制度，优化农民市民化的宏观政策环境，逐步剥离附着在户籍制度上的各种福利待遇，让农民工享有与城镇居民同等的福利，切实提高农民工市民化水平，这可以在以下三个方面先行先试：首先建立城乡一体的劳动力市场，消除城乡劳动力就业的身份差异，实行城乡劳动力平等的就业制度；其次确保农民工在子女教育、社会保障等方面与城镇居民享有同等待遇；最后比照城镇居民收入标准，鼓励具备一定条件的农民工申请居住城镇限价商品房、经济适用房、廉租房、公租房。同时，鼓励建设适合农民工租赁的社会化公寓，将公积金制度覆盖范围扩大到在城镇中有固定工作的农民工群体。

7.5.4 推进城乡公共品和服务供给制度改革

水、电、路、气等公共品和教育、文化、医疗卫生、社会保障等公共服务是城乡经济协调发展的基础。目前，城乡公共品和服务供给失衡、农村公共品和服务短缺是制约鄂州市城乡经济协调发展的重要原因之一。进一步推进城乡公共品和服务供给制度改革，实现城乡公共品和服务供给制度均等化，是促进城乡经济协调发展的客观需要。

1）大力推进城乡供水、供电、交通、供气、信息等公共品供给制度改革。首先推进城乡供水供给制度改革。整合城乡供水资源，实施城乡供水对接工程，构建城乡一体供水体系，实现城乡居民用水均等化。其次推进城乡供电供给制度改革。优化城乡电力布局，推进电气化镇（村）和农业产业基地电网工程建设，切实保障农村生活生产用电，实现城乡用电均等化。再次推进城乡交通供给制度改革。加快城乡交通基础设施建设，提高通村公路等级，构建市域城乡互通互达的"半小时交通圈"，实现城乡公交一体化。然后推进城乡供气供给制度改革。对城市周边农村地区，加快推进城乡居民共享天然气。对边远农村地区，大力发展农村户用沼气及集中供沼气。最后推进城乡信息供给制度改革。实施数字化城市、数字化农村等城乡信息化工程，推进"三网融合"，实现城乡电话、互联网、有线电视入户率100%。

2）大力推进城乡基本公共服务制度改革。首先建立完善城乡教育体系。合理配置城乡教育资源，重点向农村地区倾斜，改善农村办学条件，促进城乡教育均衡发展。其次建立完善城乡文化体系。以乡镇及农村社区为重点，加快城乡文体设施建设，形成以农村社区文化室为基础、乡镇街综合文化站为支撑、各区文体单位为骨干、市直文体单位为龙头的城乡公共文体设施网络，促进城乡文化均衡发展。再次建立完善城乡医疗卫生体系。实行城区医院对口扶持乡镇卫生院制度，推进农村社区卫生室、乡镇卫生院、城市社区卫生服务站、城市卫生服务中心建设，构建城乡一体医疗卫生服务网络体系。最后建立完善城乡社会保障体系。对城乡居民实行普惠型低保制度，均衡城乡居民养老保险，建立城乡一体的开放式医疗保险体系，构建城乡居民保障性安居工程体系，加快城乡社会保障制度均等化建设，切实解决城乡居民社会保障失衡问题。

8 结论与展望

8.1 全书结论

  城乡经济协调发展是城乡一体化的基础，只有实现城乡经济协调发展，才能实现城乡一体化的可持续发展。目前，我国城乡经济系统已进入以城带乡、以工促农的发展时期。统筹城乡协调发展，消除城乡二元经济结构，构建城乡一体化新格局，是党中央在新时期作出的重大战略决策。在城乡一体化这一大背景下，如何破解城乡经济协调发展难题，有效促进城乡经济协调发展，为城乡一体化打下坚实基础，不仅是一个亟待解决的理论问题，也是一个亟待解决的实践问题。本书以城乡经济协调发展为主线，在综合运用发展经济学、农业经济学、计量经济学、区域经济学和系统科学等学科相关理论及方法的基础上，以湖北省城乡一体化试点城市——鄂州市为例，重点对城乡经济协调发展水平评价及模式选择问题进行了研究。本书的研究成果主要归纳为以下四个方面。

  1) 在已有的城乡经济协调发展评价指标体系的基础上，结合鄂州市城乡经济发展的实际，从系统论的角度出发，建立了一套城乡经济协调发展评价指标体系，从规模性指标、结构性指标和功能性指标三个方面包括 24 项具体指标对城乡经济协调状况进行定量评价，并指出了一些重要具体指标与城乡经济协调发展的关系。规模性指标包括人均 GDP、人均财政收入、GDP 非农产业比例、非农就业比例、城镇化率、城乡收入比、城乡消费比、城乡恩格尔系数比等，结构性指标包括人均固定资产投入、人均实际利用外资、人均社会消费品零售额、人均出口额、科技三项费占财政支出比、教育经费占 GDP 比、环境投资 GDP 占比、城乡劳动生产率比等，功能性指标包括人均生活年用电量、人均公路里程、人口密度、城乡人均储蓄比、城乡自来水普及率比、城乡卫生厕所普及率比、城乡人均电话数比、城乡居民户均电视机数比等。

2）在综合分析主成分分析法、层次分析法评价方法的基础上，采用主成分分析法与层次分析法相结合的综合评价方法，对鄂州市城乡经济协调发展水平进行实证分析，评价结果符合鄂州实际。主成分分析法与层次分析法相结合的综合评价方法的思路和步骤为：在选取的城乡经济协调发展规模性指标、结构性指标和功能性指标的基础上，运用主成分分析法对指标体系进行检验和优化；运用层次分析法对优化指标体系进行城乡经济协调发展水平综合评价。运用主成分分析法与层次分析法相结合的综合评价方法，以鄂州市为研究对象进行了实证分析，运用主成分分析法优化的指标体系包括 22 个指标（剔除城乡人均储蓄比、城乡人均电话数比）；在此基础上进行层次分析法分析，结果显示，2000～2008 年鄂州市城乡经济协调水平总体上处于初步协调、加速协调阶段，影响城乡经济协调水平的主要因素是人均 GDP、城乡收入比、城镇化率等指标，评价结果符合鄂州市实际。今后一个时期，鄂州市要在继续保持经济规模快速发展的同时，协调推进城镇化、工业化、农业现代化、高新化、生态化，大力推进城乡公共品和服务均等化，切实提高城乡居民生活质量和水平。

3）总结和提出了十五种城乡经济协调发展模式。其主要贡献在于从由动力模式与政策模式结合的复合模式视角对城乡经济协调发展模式进行分类，增强了城乡经济协调发展模式选择的客观性、科学性、可操作性。并针对鄂州市城乡经济协调发展的实际，明确提出：从全域视角看，鄂州市可以选择二元组织农村偏向型模式；从区域视角看，鄂州市"一带"区域、"一轴"区域可分别选择二元组织城乡均衡型模式、二元组织农村偏向型模式；从主体功能区视角看，鄂州市优化开发区、重点开发区、生态保护区可分别选择二元组织城市偏向型模式、二元组织城乡均衡型模式、二元组织农村偏向型模式。

4）通过对鄂州市城乡经济发展的实证分析可以得出以下结论：鄂州市城乡经济发展不协调性问题十分突出，不仅表现在城乡居民人均收入上的不协调，更重要的表现在城乡经济发展理念、发展能力上的不协调。同时，还表现在区域城乡经济存在较大的不协调，这在一定程度上阻碍了鄂州市城乡经济协调发展。鄂州市要重视这些问题，并采取切实措施，在增加农民收入、优化城乡产业结构、构建城乡区域创新体系、探索城乡绿色发展之路、推进制度创新等方面加大力度，以更好地促进城乡经济协调发展。

8.2　研究展望

本书在国内外许多专家和研究学者对城乡经济协调发展研究的基础上，构建了一套城乡经济协调发展评价指标体系，探讨了城乡经济协调发展综合评价方法，并将此方法用于鄂州市城乡经济协调发展的评价中，提出了促进城乡经济协调发展的模式和对策建议。本书的研究成果可以使公众和决策者更加清楚地了解城乡经济协调发展状况及发展趋势，同时也可以丰富城乡经济协调发展评价实证分析方法。但是，城乡经济协调发展问题是涉及多个领域的复杂问题，受掌握知识和资料来源的限制，并且作者研究水平有限，本书还有很多不足之处，还有许多问题需进一步探讨。

1）城乡经济协调发展评价指标体系仍需深入研究。本书虽然构建了一套城乡经济协调发展评价指标体系，但需要进一步在实践中检验和完善，离成熟的指标体系还有一定的距离。要进一步对建立的城乡经济协调发展评价指标体系进行完善，使指标体系更能全面准确地反映城乡经济协调发展特色和实际。

2）城乡经济协调发展评价方法仍需深入研究。需要在其他城乡经济协调发展综合评价方法及本书所用城乡经济协调发展综合评价方法的基础上，进一步探索新的评价方法。

3）城乡经济协调发展模式问题仍需深入研究。本书虽然总结和提出了十五种城乡经济协调发展模式，但还不够细化和成熟，需要进一步探索更完善的城乡经济协调发展模式。

参考文献

安虎森 . 2004. 区域经济学通论 . 北京：经济科学出版社 .

巴顿 . 1981. 城市经济学：理论与政策 . 北京：商务印书馆 .

白永秀，岳利萍 . 2005. 陕西城乡一体化水平判别与区域经济协调发展模式研究 . 嘉兴学院学报，（1）：76-80.

保罗·诺克斯，琳达·迈克卡西 . 2009. 城市化 . 顾朝林，汤培源，杨兴柱，等译 . 北京：科学出版社 .

伯克 . 1985. 二元社会的经济学与经济政策 . 北京：商务印书馆 .

蔡昉 . 2003. 城乡收入差距与制度变革的临界点 . 中国社会科学，（5）：16-25.

蔡昉 . 2006-5-26. 从"城市偏向"到以城带乡——从劳动力供求看新农村建设的转折点 . 21 世纪经济报 .

陈本燕，张翼 . 2010. 成都统筹城乡发展中的技术创新经验分析 . 中国科技论坛，（5）：77-83.

陈吉元，胡必亮 . 1994. 中国的三元经济结构与农业剩余劳动力转移 . 经济研究，（4）：14-22.

陈家宝 . 2002. 城乡一体化进程中的资源整合与对接——南京市城乡"二元结构"成因及其对策实证分析 . 中国农村经济，（10）：62-68.

陈明生 . 2007. 我国城乡产业转移的机制和对策 . 北京：中国政法大学出版社 .

陈锡文 . 2007. 走中国特色农业现代化道路 . 求是，（22）：25-28.

陈喜梅 . 2009. 论我国"城市偏向"政策形成的根源及其表现 . 乡镇经济，（1）：84-88.

仇保兴 . 2008. 应对机遇与挑战：中国城镇化战略研究主要问题与对策 . 北京：中国建筑工业出版社 .

戴存华 . 2009. 城乡经济协调发展实证研究 . 商业时代，（26）：121-122.

戴振韬 . 2000. 温州市转移和消化农村剩余劳动力的经验 . 宏观经济管理，（8）：47-48.

邓玲，王彬彬 . 2008. 统筹城乡发展评价指标体系研究——基于成都市温江区的实证应用 . 西南民族大学学报（人文社科版），（4）：80-84.

杜黎明 . 2007. 推进形成主体功能区研究 . 成都：四川大学 .

范锐平. 2008. 贯彻科学发展观，推进城乡一体化. 求是，(3)：44-45.

费景汉，拉尼斯. 1989. 劳力剩余经济的发展. 王月译. 北京：华夏出版社.

费孝通. 2007. 志在富民：从沿海到边区的考察. 上海：上海人民出版社.

佛山经济贸易局. 龙江家具产业集群. 佛山经贸信息网 [2005-06-23].

弗里德曼. 1996. 区域发展政策——委内瑞拉案例研究. 美国：麻省理工大学出版社.

付海英，郝晋珉，朱德举，等. 2006. 市域城乡统筹现状评价及其影响因素关联分析. 农业技术经济，(5)：44-49.

高帆. 2008. 论消减城乡二元经济结构的长效机制. 江海学刊，(4)：70-75.

高国力. 2007. 我国主体功能区规划的特征、原则和基本思路. 中国农业资源与区划，(6)：8-13.

高珊，徐元明，徐志明. 2006. 城乡统筹的评估体系探讨——以江苏省为例. 农业现代化研究，(4)：262-265.

龚勤林. 2004. 区域产业链研究. 成都：四川大学.

辜胜阻. 1996. 中国跨世纪的改革与发展. 武汉：武汉大学出版社.

顾朝林，赵晓斌. 1995. 中国区域开发模式的选择. 地理研究，(4)：8-21.

顾松年. 2009. 苏南模式创新发展和苏南经济转型升级——30年改革开放带来苏锡常发展的历史性跨越. 现代经济探讨，(1)：20-25.

郭克莎. 1994. 论地区城乡经济的协调发展. 开发研究，(04)：51-54.

郭亚军. 2006. 综合评价理论与方法. 北京：科学出版社.

郭志刚. 1999. 社会统计分析方法——SPSS软件应用. 北京：中国人民大学出版社.

国家统计局湖北调查总队. 2009. 对湖北鄂州市城乡一体化问题的探讨. http：//www. stats. gov. cn /tjfx/dfxx/t20090626_ 402568286. htm. [2010-12-20].

国务院发展研究中心课题组. 2010. 中国城镇化：前景、战略与政策. 北京：中国发展出版社，2010.

韩俊. 2003. 统筹城乡经济社会发展改变城乡二元结构. 红旗文稿，(12)：14-18.

韩俊. 2010-11-03. 促进农民工市民化引导农村劳动力转移. 农民日报.

赫尔曼·哈肯. 1984. 协同学. 凌复华译，北京：原子出版社.

胡鞍钢. 2010. 论新时期的"十大关系". 清华大学学报（哲学社会科学版），(2)：130-140.

胡鞍钢. 2010. 全球气候变化与中国绿色发展. 中共中央党校学报，(2)：5-10.

胡锦涛. 2007-10-15. 高举中国特色社会主义伟大旗帜为夺取全面建设小康社会新胜利而奋斗

——在中国共产党第十七次全国代表大会上的报告．人民日报．

胡锦涛．2012-11-18．坚定不移沿着中国特色社会主义前进为全面建成小康社会而奋斗——在中国共产党第十八次全国代表大会上的报告．人民日报．

湖北省市联合调研组．2010．用"一体化"推倒"二元墙"——鄂州市统筹城乡发展调研报告．政策，（5）：8-20．

黄国桢．2011-3-31．值得关注的农民收入数据．科学时报．

黄捷．2005．"强势政府"对地方经济发展的影响——以"苏州模式"为例//中国行政管理学会．中国行政管理学会 2005 年年会暨"政府行政能力建设与构建和谐社会"研讨会论文集：919-921．

黄坤明．2009．城乡一体化路径演进研究．北京：科学出版社．

黄水木．2007．中国沿海发达地区城乡协调发展模式与调控机制研究．福州：福建师范大学博士学位论文．

惠宁．2008．产业集群的区域经济效应研究．北京：中国经济出版社．

霍华德．2000．明日的田园城市．金经元译．北京：商务印书馆．

霍利斯·钱纳里，莫尔塞斯·塞尔昆．1989．发展的格局：1950-1970．李小青，等译．北京：中国财政经济出版社．

贾根良．2010．美国学派与美国的工业化：经验教训与启示．经济社会体制比较，（2）：44-49．

姜作培．2003．制度创新是城乡统筹发展的关键．经济体制改革，（5）：18-20．

焦守田．2004．培养现代农民．北京：中国农业出版社．

杰里米·里夫金．2012．第三次工业革命 张体伟，孙豫宁译．北京：中信出版社．

科斯．1991．财产权利与制度变迁．上海：生活·读书·新知三联书店．

库兹涅茨．1991．现代经济增长．戴睿，易诚译．北京：经济科学出版社．

雷海章．2003．现代农业经济学．北京：中国农业出版社．

李崇光，张俊飚，秦远志．1998．论湖北农业发展与比较优势．湖北社会科学，（7）：29-30．

李慈军．2009．广西城乡经济互动发展定量综合评价实证研究．广西社会科学，（10）：18-23．

李广舜．2006．国内外城乡经济协调发展研究成果综述．地方财政研究，（2）：22-25．

李京文．1995．鄂州市超常规发展战略研究．北京：经济管理出版社．

李克强．2012．协调推进城镇化是实现现代化的重大战略选择．行政管理改革，（11）：4-10．

李勤，张元红，张军，等．2009．城乡统筹发展评价体系：研究综述和构想．中国农村观察，（5）：2-10．

李佐军. 2003. 劳动力转移的就业条件和制度条件. 北京：中国社会科学院研究生院博士学位论文.

李佐军. 2003. 美国工业化特点及对我国的借鉴意义. 新经济导刊，(Z4)：126-127.

厉以宁. 2008. 论城乡二元体制改革. 北京大学学报（哲学社会科学版），(2)：5-11.

林善浪，张国. 2003. 中国农业发展问题报告. 北京：中国发展出版社.

林毅夫，蔡昉，李周. 1995. 中国的奇迹：发展战略与经济改革. 上海：上海三联书店.

林毅夫，李永军. 2001. 中小金融机构发展与中小企业融资. 经济研究，(1)：10-18.

刘易斯. 1989. 二元经济论. 北京：北京经济学院出版社.

刘子玉. 2007. 地市城乡经济协调发展评价指标体系的构建及应用. 临沂师范学院学报，(1)：122-125.

卢阳春. 2009. 城乡产业互动的国际经验与可持续发展机制. 现代经济探讨，(7)：89-92.

罗雅丽，李同昇. 2005. 城乡关联性测度与协调发展研究——以西安市为例. 地理与地理信息科学，(5)：68-71.

马克思，恩格斯. 1975. 马克思恩格斯全集. 北京：人民出版社.

马晓河，蓝海涛，黄汉权. 2005. 工业反哺农业的国际经验及我国的政策调整思路. 管理世界，(7)：55-63.

马歇尔. 2005. 经济学原理. 朱志泰，陈良璧译. 北京：华夏出版社.

芒福德. 1989. 城市发展史：起源、演变与前景. 宋俊岭，倪文彦译. 北京：中国建筑工业出版社.

梅林. 2009. 东北地区城乡关系协调发展模式与对策研究. 长春：东北师范大学博士学位论文.

苗东升. 1998. 自组织与他组织. 中国人民大学学报，(4)：67-70.

佩鲁. 1991. 新发展观. 北京：华夏出版社.

漆莉莉. 2007. 中部地区城乡融合度的综合评价与分析. 江西财经大学学报，(4)：10-13.

秦寿康. 2003. 综合评价原理与应用. 北京：电子工业出版社.

任柏强，韩纪江. 2005. 论建立温州农民收入持续增长的长效机制. 温州大学学报，(5)：1-6.

任保平，梁炜. 2008. 西部地区统筹城乡发展：态势、模式和路径选择. 财经科学，(10)：117-124.

任迎伟，胡国平. 2008. 城乡统筹中产业互动研究. 中国工业经济，(8)：65-75.

石忆邵，何书金. 1997. 城乡一体化探论. 城市规划，(5)：36-38.

舒尔茨.1987.改造传统农业.梁小民译.北京：商务印书馆.

斯密.1972.国民财富的性质和原因的研究（上卷）.北京：商务印书馆.

苏雪串.2006.工业化中期阶段城乡经济互动关系分析.现代经济探讨,（2）：57-60.

速水佑次郎,神门善久.2003.农业经济论（新版）.沈金虎,周应恒,张玉林,等译.北京：中国农业出版社.

孙海波,刘俊昌.2009.城乡经济一体化理论研究进展及评价.北京林业大学学报（社会科学版）,（3）：133-138.

谭崇台.1999.发展经济学的新发展.武汉：武汉大学出版社.

田明,何流.2000.中国城市化的发展趋势及未来模式.现代城市研究,（6）：3-6.

童长江,李崇光.2010.基于PCA-AHP的城乡经济协调发展水平评价——以鄂州市为例.中国科技论坛,（12）：129-134.

童长江.2008.促进产业集群创新的区域创新体系建设研究——以武汉光电子产业为例.武汉科技学院学报,（3）：93-97.

童长江.2010.城乡经济协调发展模式及选择——以湖北省鄂州市为例.农业技术经济,（10）：115-120.

童玲玲,梁雪春,刘艳.2007.江苏省城乡统筹评价体系评估及探讨.特区经济,（10）：55-56.

涂圣伟.2010.着力将财产性收入培育成农民增收新亮点.中国经贸导刊,（14）：32-33.

托克维尔.1982.旧制度与大革命.冯棠译.北京：商务印书馆.

完世伟.2006.区域城乡一体化测度与评价研究——以河南省为例.天津：天津大学.

王必达.2004.后发优势与区域发展.上海：复旦大学出版社.

王碧峰.2004.城乡一体化问题讨论综述.经济理论与经济管理,（1）：75-79.

王春兰,薛向岭.2006.城乡经济均衡发展水平评价的指标体系.统计与决策,（2）：44-46.

王贵宸.1988.巨变中的鄂州：新中国农村经济发展的典型剖析.北京：北京农业大学出版社.

王立成.2006.针对产业集群的公共政策选择.工业技术经济（9）：15-18.

王梦奎.2004.关于统筹城乡发展和统筹区域发展.管理世界,（4）：1-8.

王婷.2008.浙江省城乡统筹与经济发展关系实证研究.重庆工商大学学报（西部论坛）,（3）：32-35.

王雅鹏,郭犹焕.2001.有关农民收入问题的理论浅析.南方经济,（5）：52-56.

王雅鹏.2004.湖北三农问题探索.武汉：湖北人民出版社.

韦廷柒.2004.实现城乡经济协调发展的实质是转变城乡二元经济结构.农业经济，（11）：18.

魏江，魏勇.2004.产业集群学习机制多层解析.中国软科学，（1）：121-125.

文峰.2009.中国城乡二元经济结构转化——基于正式制度与非正式制度视角的研究.探索，（5）：142-145.

吴良镛.2002.面对城市规划"第三个春天"的冷静思考.城市规划，（2）：9-14.

吴良镛.2009.中国城乡发展模式转型的思考.北京：清华大学出版社.

吴永生，高珊，杨晨.2007.江苏省城乡统筹空间格局动态研究.地域研究与开发，（4）：36-40.

夏春萍.2005.湖北省统筹城乡经济发展研究.武汉：华中农业大学.

肖士恩，李献士.2009.河北省城乡经济发展的协调性分析.技术经济与管理研究，（5）：113-115.

谢健.2004.民营经济发展与温州小城镇建设.小城镇建设，（11）：10-11.

谢松保.2002.加快鄂州水产业发展的思考.中国渔业经济，（3）：49-50.

谢小荣.1999.农村改革20年温州农业增长方式的转变.农业技术经济，（1）：5-8.

熊德平.2009.农村金融与农村经济协调发展研究.北京：社会科学文献出版社.

修春亮，许大明，祝翔凌.2004.东北地区城乡一体化进程评估.地理科学，（3）：320-325.

徐明华，白小虎.2005.浙江省城乡一体化发展现状的评估结果及其政策含义.浙江社会科学，（2）：47-56.

徐同文.2008.地市城乡经济协调发展研究.北京：社会科学文献出版社.

徐旭，张殿发.2004.城市化的"温州模式"及超越.城乡规划，（5）：21-22.

许树柏.1988.实用决策方法.层次分析法原理.天津：天津大学出版社.

闫永林.2006.区域空间结构与经济发展.商业经济，（8）：25-26.

杨冬梅，赵黎明，陈柳钦.2005.基于产业集群的区域创新体系构建.科学学与科学技术管理，（10）：79-83.

杨健，关慧.2009.二元经济结构与城乡平衡发展理论探析.理论界，（6）：14-15.

杨小凯.1998.经济学原理.北京：中国社会科学出版社.

杨振宁.2008.城乡统筹发展评价指标研究——基于时间序列.农村经济与科技，（11）：35-36.

姚士谋，房国坤，Nipper J. 2004. 中德经济发达地区城乡一体化模式比较——以长江三角洲与莱茵河下游地区为例. 人文地理，（2）：25-29.

约翰·冯·杜能. 1986. 孤立国同农业和国民经济的关系. 吴衡康译. 北京：商务印书馆.

约瑟夫·熊彼特. 1991. 经济发展理论. 邹建平译. 北京：商务印书馆.

曾国安，胡晶晶. 2008. 城乡居民收入差距的国际比较. 山东社会科学，（10）：47-53.

曾菊新，冯娟，蔡靖方. 2003. 论西部地区的城镇网络化发展. 地域研究与开发，（1）：22-25.

曾培炎. 2008. 推进形成主体功能区　促进区域协调发展. 求是，（2）：15-18.

张海鹏. 2007. 探讨城乡经济协调发展之路. 中国农村经济，（S1）：27-34.

张明花. 2008. 福建省城乡经济协调发展的评价与分析. 沈阳农业大学学报（社会科学版），（4）：399-403.

张培刚. 2002. 农业与工业化（上卷）：农业国工业化问题初探. 武汉：华中科技大学出版社.

张培刚. 2007. 发展经济学教程. 北京：经济科学出版社.

张五常. 2009. 中国的经济制度. 北京：中信出版社.

张彦，林德宏. 1990. 系统自组织概论. 南京：南京大学出版社.

赵保佑，李军法，完世伟. 2009. 统筹城乡经济协调发展与科学评价. 北京：社会科学文献出版社.

赵彩云，夏英. 2008. 影响我国城乡经济统筹发展的因素分析. 经济研究参考，（27）：2-6.

赵景峰. 2008. 西方统筹城乡经济理论研究的最新进展. 农业经济问题，（6）：99-103.

郑炎成，鲁德银. 2004. 县域经济发展不平衡对地区差距的解释力分析. 财经研究，（7）：121-129.

中共湖北省委办公厅，湖北省人民政府办公厅. 2009. 关于鄂州市统筹城乡经济社会发展推进城乡一体化试点工作的指导意见. 湖北省人民政府公报，（13）.

中国社会科学院农村发展研究所，国家统计局政策发展司. 2008. 中国农村经济形势分析与预测. 北京：社会科学文献出版社.

周宏春. 2012-11-30. 努力开创生态文明新时代. 中国经济时报.

周叔莲，金碚. 1993. 国外城乡经济关系理论比较研究. 北京：经济管理出版社.

周文. 2008. 试论主体功能区规划的重要意义. 经济论坛，（1）：6-8.

朱佳木，伍席源，吴天林，等. 2006. 佛山市统筹城乡发展的做法和启示. 中国党政干部论坛，（9）：24-26.

朱静，黎明. 1996. 农村经济区与农业区划差异探析. 中国农业资源与区划，（5）：33-37.

朱启臻，闻静超.2012. 论新型职业农民及其培育农业工程，（3）：1-4.

诸大建.2010-12-19. 中国发展 3.0：生态文明下的绿色发展. 解放日报.

邹珊刚，黄麟雏，李继宗，等.1987. 系统科学. 上海：上海人民出版社.

邹锡兰，谈佳隆.2006. 新佛山——区域经济一体化催生的第六大城市. 中国经济周刊，（42）：13-19.

2010. 中共中央关于制定国民经济和社会发展第十二个五年规划的建议. 求是，（21）：3-16.

Boeke J H. 1953. Economics and economic policy of dual societies, as exemplified by Indonesia. Ams Pr Inc.

Bose G. 1996. Agrarian efficiency wages in a dual economy. Journal of Development Economics，（49）：371-386.

Briones R M. 2006. Employment generation for the rural poor in Asia：perspectives，patterns，and policies. Asian Development Review，23：87-116.

Christaller W. 1993. Die Zentraler Orte in Sudteutschland. Jena austav Fischer.

Douglass M. 1999. Rural-Urban Integration and Regional Economic Resilience：Strategies for the Rural-Urban Transition in Northeast Thailand. Bangkok：National Economic and Social Development Board.

Du Y，Park A，Wang S G. 2005. Migration and rural poverty in China. Journal of Comparative Economics，33：688-709.

Fei J H，Ranis G. 1961. A Theory of Economics Development. American Economics Review，51：522-565.

Friedman I R. 1972. A general theory of polarized development//Hansen N W. Growth centers in regional economic development. New York：The Free Press.

Harris J R，Todaro M P. 1970. Migration，Unemployment and Development：A Two-sector Analysis. American economic review 40，126-142.

Howard E. 1898. Tomorrow：a Peaceful Path to Real Reform . Garden Cities of Tomorrow. Edited，with a Preface，by FJ Osborn. London，1946.

Jorgenson D W. 1961. The development of a dual economy. Economic Journal，71（282）：309-334.

Khandker A W，Rashid S. 1995. Wage subsidy and full employment in a dual economy with open unemployment and surplus labor. Journal of Development Economics，（48）1：205-223.

Lewis W A. 1954. Ecnomic development with unlimited supply of labour. The Manchester school of Economics and Social Studies，22（2）：139-191.

Lipton M. 1977. Why Poor People Stay Poor: Urban Bias in World Development. Cambrideg: Harrard University Press.

Lynch K. 2005. Rural-urban Interaction in the Developing World. London: Taylor & Francis Group.

Masson P R. 2001. Migration, human capital and poverty in a dual-economy model of a developing country, MFWorking Paper.

McGee T G. 1991. The emergence of desakota regions in Asia: expanding a hypothesis//Ginsburg N, Koppel B, McGee T G.

Myrdal G. 1957. Economic Theory and Underdeveloped Regions. London: Duckworth.

Perroux F. 1955. Note sur la notion de pôle de croissance. Economie appliquée, 7 (1-2): 307-320.

Prebisch R. 1962. The economic development of Latin America and its principal problems. Economic Bulletin for Latin America, 7 (1): 1.

Rondinelli D A. 1983. Secondary Cities in Developing Countries: Policies for Diffusing Urbanisation. London: Sage Publications.

Saaty T L. 1980. The Analytic Hierarchy Process. New York: McGraw-Hill.

Satterthwaite D, Cecilia T. 2003. The Urban Part of Rural Development: The Role of Small and Intermediate Urban Centers in Rural and Regional Development and Poverty Reduction [EB/OL]. http://www.iied.org/urban/downloads.htm.

Stöhr W B, Taylor D R F. 1981. Development From Above or Below? The Dialectics of Regional Planning in Developing Countries. Chichester: Wiley.

Todaro M P. 1969. A model of labor migration and urban unemployment in less developed countries. American Economic Review, 59 (1): 138-148.

Todaro M P. 1985. Economic Development in the Third World. London: Longman.

Whalley J, Zhang S M. 2007. A numerical simulation analysis of (hukou) labour mobility restrictions in China. Journal of Development Economics, 83 (2): 392-410.

Wright F L. 1932. The Disappearing City. New York: Willian Farquhar Payson.

Wright F L. 1935. Broadacre City: A new community plan. Architectural Record Publishing Company.

后　记

　　城乡经济发展协调问题是古老而现代的难题。自公元前 8000 年中东地区诞生世界上最早的城市以来，人类一直为其困惑。特别是近 200 年以来，随着城市化的发展，国内外许多理论家、实践家试图从不同视角破解这一难题，迄今未能如愿。正因如此，这一难题魅力不减，引起人们经久不息的探究。

　　我对这一问题的兴趣源于工作情结和故乡情结。1993 年，我从华中科技大学管理学院硕士研究生毕业后，到鄂州市委从事政策研究工作，有机会以一个城市为案例开展深度调查研究，并逐步认识到协调城乡经济关系这一问题的重要性，对城镇化问题以及城乡经济关系问题产生强烈兴趣。2001 年，我参与鄂州市城镇化发展战略研究工作，对城镇化问题进行系统研究，到珠江三角洲、长江三角洲等地区城市实地调研，对城乡关系有了初步认识，参与撰写了《鄂州市城镇化发展战略研究报告》。该报告为鄂州市城镇化发展提出了"农村城镇化、城市现代化、城乡一体化"的战略目标，构建了"中心城区、小城市、中心集镇、一般集镇、中心村"的城镇体系，确立了"城镇化与产业化并举、内涵城镇化与外延城镇化并举、经济发展与社会发展并举、政府主导与市场推进并举"的战略方向，得到了以时任国务院发展研究中心副主任谢伏瞻为组长，中国科学院院士叶大年、武汉大学教授辜胜阻、湖北省委政策研究室主任范兴元、湖北省社会科学院副院长陈文科等专家为成员的专家评审组的高度评价，认为研究报告达到国内同类研究先进水平。随后，该项研究成果转化为《鄂州市城镇化发展纲要》，这是一份对这个城市以后发展具有深远影响的文献。从此，我与城乡经济关系问题结下了不解之缘。2006 年以后，我调到高校担任领导工作，仍然对城乡经济关系问题怀有浓厚兴趣，经常深入机关、企业、社区、农户走访调查，及时了解城乡经济发展情况，并利用赴欧美国家学习考察机会，对中外城乡经济协调发展问题进行比较分析，进一步认识到城镇化、工业化、农业现代化、高新化、生态化协调发展是城乡经济协调发展的必然趋势。2008～2011 年在华中农业大学经济管理学院在职攻读博士学位期间，以《鄂州市城乡经济协调发展评价与模式选择》为题，于 2011 年 6 月完成了博士论文文稿定稿及答辩，试图从理论上和实践上深入系统地对城乡经济发展协调问题进行初步探讨，也算是对多年来有关城乡经济关系问题思考的一个初步小结。

　　另外一个是故乡情结。我的故乡地处长江中游地区江北黄冈市，与第二故乡（工作所在地）——江南鄂州市隔江相望。1982 年，我有幸从故乡考入省城武汉华中师范大学学习。之前，我与故乡同龄人一样，在农村亲历过"鸡鸣上山砍柴、酷暑下田插秧、赤脚走路上学"，故乡在脑海里留下了深深的烙印。在很长一段时间，我常常被一些问题所困惑，为什么山还是那座山，那个时候那么缺柴烧？为什么那个时候那么多人种田，一年到头总是缺粮吃……后来，随着阅历的增长，我才发现其实这些问题的背后蕴藏着丰富的经济学、管理学、政治学、社会学道理。一个人在外工作多年，总是希望故乡能够又好又快发展。近几年，我经常到故乡城市、农村看看，到老乡家走一走，与老人们拉拉家常，同干部们交流想法，感觉到故乡城乡面貌在发生着深刻变化，感觉到这些变化可喜亦可忧。令人可喜的是，老人们常夸"现在的社会真好"，党的政策深得民心，城乡经济快速发展，人民生活水平不断提高；令人担忧的是，老人们常问"将来的田地谁来种"，发展的难题还较多，城乡经济发展不平衡、不协调问题依然十分突出。伴随城镇化、工业化深入推进，城乡经济发展正进入新的历史发展阶段，农村空心化、农户兼业化、人口老龄化等问题亟待解决，城乡要素平等交换机制亟待建立，城乡居民收入差距亟待缩小，强化农业、惠及农村、富裕农民，任重道远。经过反复对江南、江北城乡经济发展比较分析，我发现城乡经济关系问题有其共性，一个区域行之有效的经验在另一个区域也有一定的借鉴作用。我的故乡要解决城乡经济发展不协调性问题，要协调推进城镇化、工业化、农业现代化、高新化、生态化，可在增加农民收入、优化城乡产业结构、构建城乡区域创新体系、探索城乡绿色发展之路、推进制度创新等方面加大力度，以更好地促进城乡经济协调发展，使"城市更像城市，农村更像农村"。

　　我深深感到，我们生活在一个大发展、大变革的时代，这个时代不仅为我们提供了极大的物质财富和精神财富，而且提供了广阔的思维空间。本书的基础是我的博士学位论文，是在我的导师李崇光教授的悉心指导下完成的。从论文选题、研究方法、谋篇布局到论文定稿，李老师都给予了具体指导，耗费了大量的心血。在论文的研究过程中，我得到了许多专家、领导的鼓励、支持和帮助，他（她）们是：华中农业大学经济管理学院王雅鹏教授、钟涨宝教授、张俊飚教授、祁春节教授、陶建平教授、李艳军教授、青平教授、齐振宏教授、孙剑教授、朱清海博士、项朝阳博士、熊银解博士、马文杰博士、李春成博士、胡华平博士、徐家鹏博士，中南财经政法大学陈池波教授、丁士军教授，华中科技大学邹珊刚教授、钟书华教授、李顺才博士，中国农业科学院吕新业博士，湖北省委办公厅王斌武博士。在本书的研究和出版过程中，我得到了鄂州市委、市政府和鄂州职业大学的大力支持，刘建平、李军杰、杨植涛、孔国庆等领导给予了具体指导和帮助；我参阅并吸收了国内外许多专家的大量文献，从他们的研究成果中得到了很大的启发，从而加深了对城乡经济协调发展的认识。本书得到国家社会科学基金重点项目"中国特色农业现代化道路研究"（编号：08AJY020）和湖北省教育厅课题"鄂州市城乡经济协调发展评价研究"（编号：B20128005）的资助。在此，一并表示衷心的感谢！我还要特别感谢我的妻子万燕南女士，正是她的理解和支持，才使我专心思考，顺利完成了研究。

　　本书出版之际，适逢党的十八大召开。十八大为我国推进城乡经济协调发展、实现城乡发展一体化描绘了新的宏伟蓝图。希望本书的出版，能对读者加深认识中国城乡发展一体化有所裨益。同时，由于水平和经验有限，书中难免有疏漏和不妥之处，恳请广大读者批评指正。

童长江
2012 年 10 月